# 디지털의 배신

Against Techno-Fetishism
© Kwang-Suk Lee

이 연구는 서울과학기술대학교 교내 연구비의 지원으로 수행되었습니다.

# 디지털의 배신

플랫폼 자본주의와
테크놀로지의 유혹

이광석 지음

인물과
사상사

# 프롤로그
## 테크놀로지의 유혹과 덫

우리의 경제발전과 성장 신화는 선진국 수준에 도달하고픈 욕망과 함께 무역 경쟁에서 내쳐지는 것에 대한 불안과 공포를 통해 양생養生되었다. 발전과 성장의 마천루 신화 저 아래 끝에는 우리가 인지하듯 늘 허리띠 졸라매야 했던 노동자들의 수많은 희생이 그림자처럼 존재한다. 허망하게도 2020년 오늘 현대인들도 노동의 지위 고하를 막론하고 사고사와 과로사가 끊이지 않는다.

위태로운 노동을 업으로 삼는 이가 하루 평균 3~4명 꼴로 비명횡사하는 일은 사회통계적 일상이 되었다. '근로'와 '근면'이라는 전통의 노동윤리는 이제 일상 속 노동자들의 생존을 위협하는 날카로운 비수처럼 박힌다. 사회 민주화의 진전 상황에 견줘보면, 여전히 노동권은 다른 사회적 지위 향상에 비해 늘 후순위로 밀린다.

　대한민국의 근대화 프로젝트에 이어진 개발주의는 인간 '산노동'의 희생을 먹고 자랐다. 자동차 조립 공장을 짓고 D램 반도체로 떼돈을 벌고 새마을운동과 함께 백색가전 보급 정책으로 전자산업 재벌을 만들고 통신업계는 전국 단위의 초고속통신망을 구축해 어느새 '인터넷 강국'의 새 역사를 쓰게 되었다. 잿빛 노동을 땔감 삼아 일련의 산업 부흥의 역사를 새롭게 썼던 것이다.

　이제 우리는 다른 어느 나라에도 없는 '4차산업혁명위원회'까지 만들어 제2의 경제성장과 기술 도약의 꿈을 꾸고 있다. 의당 여기에서도 노동자들의 목소리가 들어설 자리는 없다. 외려 '혁명위원회' 위원장이라는 사람은 경제성장과 기술혁신을 위해 24시간 하루 종일 노동력을 가용하지 못하는 사회 현실을 개탄까지 했다.

　우리의 기술혁신 방식은 성장 중독증과 크게 다르지 않다. 엄혹한 군사독재 시절을 지나 1990년대 중반 이래 세워진 민간 정부들은 서구에서 하이테크 기술들을 가져와 이를 국가 경제성장과 발전의 과업에 재빠르게 체화해냈다. 기간基幹통신사와 소위 전자업계 재벌 기업에 의한 기술 주도와 시장 영향력, 전략적 기술개발에 대한 전폭적인 국가 예산 지원, 이른바 '디지털 속도전'이라 부를 수 있는 민관民官 공조의 강력한 경향, 대중의 스마트 미디어 소비 욕망의 주조, 무엇보다 전국 케이블망에 매달려 위태로운 일을 수행

했던 수많은 노동자의 희생이 존재했다.

　그 덕분에, 경제적으로 보면 디지털 경제가 연착륙하면서 관련 대기업들이 독점적 이윤을 얻었고, 사회적으로는 어느 누구든 어디서든 '편재遍在'하는 디지털 테크놀로지를 쓸 수 있는 인프라 환경을 이루었다. 우리 사회에서는 이렇듯 신기술의 정착이 거의 언제나 성장과 발전을 약속했기에, 어느덧 우리에게 테크놀로지는 강력한 신흥 종교이자 숭배의 대상이 되었다.

　나는 이토록 깊어가는 우리 사회의 '기술 숭배techno-fetishism'와 이에 비해 나아지지 않는 노동 인권의 배제와 실종이라는 이율배반적 특이 상황을 관찰하는 렌즈로 '기술 잉여techno-glut'라는 개념을 만들어 썼던 적이 있다. 말인즉슨, '기술 잉여'란 테크놀로지의 적용이 그 사회에서 처리하거나 조절할 수 있는 능력 범위를 벗어나 종종 한 사회에서 비정상성의 돌연변이처럼 적용되는 현상을 일컫는다.

　나는 테크놀로지가 산업화와 '발전주의 국가' 건설을 위해 일종의 신앙이 되면서, 우리 사회에 유독 기술의 특이한 굴절 양상들을 만들어냈다고 보았다. 이 책도 기술 잉여가 만들어내는 굴절들, 즉 기술 자체가 사회 혁신과 진보로 슬그머니 등치되거나, 취약 노동이 기술로 매개되어 편리와 효율의 시장 논리로 둔갑하거나, 반反생태적 기술을 흡사 청정淸淨의 것으로 위장하거나, 기술이 뭇 우리의 취향을 주조하는데도 이를 풍요의 자유 문화처럼 보는 등 그 허구들을 뒤집어보고자 한다.

이 책은 첨단의 신생 테크놀로지가 우리에게 선사한 성장의 달콤한 열매만큼이나 기술 숭배가 가져온 부메랑 효과들을 살피고 경고한다. 우리에게 테크놀로지의 유혹과 덫이라는 양자적 계기는 어쩌면 예고된 것인지도 모른다. 인류가 도구적 이성에 기대어 테크놀로지를 욕망할수록 지구 환경과 인간 삶의 생태 순환계에 점점 균열이 가해질 수밖에 없다. 이제 생태 균열은 일상, 사회, 노동, 미디어, 생명에 걸쳐 거의 모든 영역에서 일어나고 있다.

혁신이라 믿었던 것들도 수많은 생명 파괴의 질곡을 가져오고 있지 않은가. 그 모든 자본주의 시스템을 무기력하게 만들고 정지시킨 코로나19 바이러스 등 '인수공통감염병' 유행은 바로 인간 욕망이 빚은 지구 균열의 부메랑과 다름없다. 의심 없이 받아들이고 숭배하던 테크놀로지에 대한 전면적인 패러다임 전환 없이 우리는 이 총체적 난맥상을 돌파하기 어려운 변곡점에 이르렀다.

이 책은 당대 테크놀로지가 야기하는 논쟁점을 크게 다섯 분야로 나누어 살핀다. 일상 사회와 문화에 틈입한 신기술 알고리즘 기술 질서의 탄생과 강화, 플랫폼 기술이 구성하는 위태로운 노동과 무인 자동화의 미래, 과학기술의 반생태적 조건과 '인류세'라 불리는 지구 위기 상황, 코로나19 국면 속 비대면untact 기술 확산과 노동·정보 인권 침해의 문제, 이 모든 '디지털의 배신'에서 근원적으로 벗어날 수 있는 시민 자율의 대안 가능성 여부를 따진다.

제1장은 주로 비물질계 디지털 질서와 기술 규칙이 현실계에 영향을 미치는, 물질(피지컬)과 디지털이 교직하는 '피지털'이라는 새로운 혼종계의 도래를 직시할 것을 언급한다. 플랫폼 기업들은 가상의 디지털 논리로 물질계의 질서를 통제하고자 '피지털'을 장악하는 것은 물론이고 인간의 문화 취향까지도 알고리즘 기계에 의해 '납작하게' 만드는 의식 관리 능력까지 지니고 있다.

제2장은 알고리즘 자동화와 플랫폼 기술 시대에 인간 노동의 질적 문제를 다룬다. 여기에서는 기술혁신이라는 미명하에 인간 '산노동'이 일종의 여타 물질 자원처럼 취급되고 배치되면서 발생하는 고용 노동의 해체와 약자의 사회 배제 논리를 경고한다. 동시에 플랫폼 노동 관련 법·제도 등 안전장치를 마련하는 것은 물론이고 노동자들의 협력과 공생이 가능한 사회 설계가 필요하다는 점을 역설한다.

제3장은 동시대 지구온난화와 생명종 절멸 위기에 책임을 가져야 할 인간들이 그것에 무심한 채 과학기술 발전에 기대어 끝간 데 없이 추구하는 성장주의적 욕망과 기술 숭배의 병폐를 짚는다. 지구 위기 탈출과 완전한 생태 순환적 전환을 이루자면 이제까지 인류의 과학기술 성장과 발전 패러다임을 처음부터 철저히 재검토해야 한다. 그렇지 않으면 인간의 과학기술이 갖는 반생태 효과로 인해 코로나19 바이러스 등과 같은 지구 위기 상황을 계속해 맞닥뜨릴 수

밖에 없고 유사 재앙들이 인류를 괴롭힐 공산이 크다.

제4장은 코로나19 재난이 국내에 밀어닥치면서 불거졌던 정보 인권과 노동 인권 침해에 대한 이야기를 담고 있다. 우선 '방역 모범국가'의 이름값을 위해 좀더 강한 감시 장치 도입으로 인한 시민 정보 인권의 위기 상황을 살핀다. 그리고 물리적 접촉의 두려움과 공포로 인해 '비대면' 지능 자동화 시장을 활성화하려는 국가 진흥의 방향 속에서, 외려 유통과 물류에서 잦은 대면 접촉의 위험에 노출될 수밖에 없는 일용직 노동자·특수고용직 노동자·플랫폼 노동자의 소멸하는 인권을 지적한다. 그래서 대감염병 이후를 준비하는 정부의 '한국형 뉴딜'의 진행 방향은 기술 숭배와 성장 중독의 또 다른 반복이나 변형이어서는 곤란하다고 평가한다. 재난 상황에서 긴급한 시민권 보호와 기술민주주의적 가치를 확보하는 노력이 동반되어야 한다. 문제는 단순히 비대면 기술의 활성화가 아니라 '사회적(물리적) 거리 두기'로 지치고 다친 시민들을 이제 사회적으로 어떻게 새롭게 결속할 수 있도록 연대의 기술을 마련하느냐에 있는 것이다.

제5장은 지배적 테크놀로지에 대항한 시민사회 주도 아래 기술 대안의 기획과 구상이 가능한지를 확인한다. 주류 기술의 퇴행과 정보 인권 침해를 억제할 다른 대안의 구상은 물론 쉽지 않다. 그래서 기술 예속 상태의 무기력증 대신 우리 각자가 주위를 가득 메우고 있는 기술 사물들에 대

한 비판적 통찰 감각을 터득하는 새로운 '문식력(리터러시 literacy)'을 창안하자고 말한다. 더불어 각자의 비판적 기술 감각을 갖추는 것과 함께 시민 자율의 공동 연대체이자 공생공락의 결사체, 이른바 '커먼즈(공유)'를 통한 기술민주주의적 가능성도 모색하려고 한다.

나는 이 책에서 동시대 테크놀로지의 가장 민감한 쟁점들을 담고자 노력했다. 또 대중서 출간을 통해 학술적 자장 안에서뿐만 아니라 일반 독자와의 접면에서 기술 문화 연구 관련 논의를 힘닿는 한 꾸준히 이어가려 한다. 이 책이 동시대 기술사회의 특징을 비판적으로 해석하면서도 주류 기술의 퇴행에 맞서 대안의 상상력을 고민하는 독자들에게 의미 있는 자원으로 쓰이길 바라마지 않는다.

대중서를 또다시 이리 빨리 세상에 내놓을지 몰랐다. 따져보니 화급하게 책을 낼 명분이 없었던 것도 아니었다. 여전히 국내 출판시장은 사회 혁신을 가장한 기술 서적이 넘쳐난다. 혁신, 효율, 성장, 편리, 트렌드 등 최신 기술 키워드들이 대형 서점 판매대를 늘 드리우고 있다. 힘에 부칠지라도 주류 기술 담론들과 차이를 지닌 비판적 사유나 다른 기술 가치를 드러내는 일이 꼭 필요했다.

이 책을 발간하는 '2020년'은 공상과학 소설이나 영화 속 먼 미래의 특이 시점 혹은 지금과 다른 세상을 지칭할 때 곧잘 언급되는 해다. 아이러니하게도 과거에 바라보던 먼 미래의 어느 중대 시점이던 오늘의 모습은 예상보다 디스토피아적인 미래가 되었다. 코로나19 팬데믹은 인간의 발전과 성장 속도를 일순간에 정지시켰다.

인간의 생태 파괴적 욕망은 '인수공통감염병'이라는 반복된 재앙의 현실을 앞으로도 계속해 만들어낼 것이다. 인간이 배태한 테크놀로지의 균열로 인해 그 파장은 인류의 통제 능력 범위 밖으로 늘 벗어나려 할 것이다. 우리 스스로 쌓아올린 과학기술의 굴레에서 시작된 지구 생태의 분노에 맞서 이제 우리 인간은 무엇을 해야 하는가? 이 책의 근본 질문이다.

마지막으로 매번 원고를 함께 읽으면서 글이 난해해지면 독자의 눈높이를 강조하고 행여 자족自足의 수렁에 빠지지 않도록 다잡아주던 학문 동지이자 인생 파트너, 경래에게 무한한 사랑과 신뢰를 보내며 이 책을 바친다.

2020년 5월

이광석

# 차 례

---

제3장  **그린 뉴딜과 불타는 지구**

---

# 제 1 장

## 유튜브와 넷플릭스가 지배하는 플랫폼 세계

# 플랫폼이
# 현실을 좌우하는 피지털 세상

## 물질의 '피지컬' 세계와 비물질의 '디지털' 세계

인터넷이 인간에게 준 가장 큰 혜택을 꼽으라면 우리는 뭐라고 답할 수 있을까? 아마도 그것은 현실에서 비인기 물건이나 관심 밖 동물과 사람에 대한 대중의 환기와 주목 효과다. 가령, 덕후들은 인터넷 '직구' 덕에 대중의 관심권 밖 물건들을 새로이 대접받게 하고 그들도 온라인 네트워크 공간을 자신만의 독특한 취향을 즐기는 주요 출구로 삼게 되었다.

인터넷은 이제까지 주목받지 못했거나 소외된 이들도 환기한다. 가령, 쥐에게 밀려 열두 띠 말석에도 들지 못한 채 불운으로 고통받아오던 고양이들은 어떠한가? 태생이 길이건 집이건 이제 얼추 반려견만큼 인스타그램의 주인공으로 융숭히 대접받는다.

　대중매체의 권위나 주류의 길을 걷는 일과 무관해 보이던 아마추어들은 '크리에이터'나 '스트리머streamer(인터넷 방송인)'라는 이름으로 한류 스타 이상의 인기를 누리는 전성기를 맞고 있다. 사회적 타자로 일상의 폭력을 감내하던 여성들은 '해시태그(#)'라는 활성화된 검색 기능을 이용해 남성성과 폭력의 실체를 용기 내어 자기 고백하며 주류 사회의 불감증을 질타했다. '미투' 운동 이전에 벌써 '#○○계_성폭력' 등 해시태그가 해냈던 타자 공감과 주목 효과는 잘 알려진 일이다.

　인터넷은 이렇듯 사람, 동물, 사물 등 현실 세계의 평범하고 소외되었던 것들에 가치를 부여하거나 주목하게 하는 데 크게 일조해왔다. 그런데 한 번 더 디지털 논리가 현실에 영향을 미치는 방식에 큰 질적 전환이 일어나고 있다. 예를 들어, 우리는 인터넷 누리꾼들이 블로그나 스마트 지도 혹은 모바일 앱에 매기는 별점, 평판, 후기, 댓글, 좋아요 등 데이터 기록들에 의해 부동산 시세나 프리미엄 가치가 요동치는 상황을 쉽게 목도하고 있다. 이전에는 볼 수 없던 일이다.

　소비자가 스마트폰 앱을 통해 무심코 누른 별점이나 별풍선의 누적치가 일반 개인의 삶은 물론이고 특정 토지나 빌딩의 지대 가치를 바꾸는 새로운 변수로 등장한다. 가상세계의 서비스 별점은 누군가의 생계를 계속 유지시키거나 박탈하는 힘도 지닌다. 특히 자유롭게만 보였던 프리랜서 노동의 성질과 지위는 오늘날 점차 모바일 앱에 구속되고 빨려든다. 이제 데이터 세계는 소외된 것들을 드러내는 단계를 넘어 현실 질서에 이러저러하게 가치를 매기는 역할까지 자임하는 듯하다.

이 잘 드러나지 않는 가상의 데이터 논리가 현실 세계에 거꾸로 미치는 관계망을 '피지털phygital'이라고 부르자. 원래 피지털은 온·오프라인 소비 경험 차이를 줄이려는 소위 블렌딩 마케팅 용어로 쓰이고 있었다. 이 용어를 비물질의 '디지털digital' 세계와 물질의 '피지컬physical' 세계가 부딪쳐 생성되는 새로운 교접 영역으로 일반화해보자. 즉, '피지털'은 물질계와 디지털계 사이에 관계 밀도가 높아진 것에 착안한 용어라고 보면 좋겠다. 그 둘 사이에 '끼인' 무수한 상호 관계 흐름에 의해 새롭게 구성된 혼종hybrid의 접경지를 일종의 '피지털계界'라고 부를 수 있다.

## 현실로 스며드는 피지털 논리

데이터 세계와 현실 세계가 밀접하게 상호 영향을 미치는 일이 흔해지면, 당연히 그 긴밀도가 상상을 초월하게 된다. 증강현실augmented reality 기술처럼 피지털계는 물질계에 디지털 가상계마냥 포개져 있는 듯 보인다. 그래서 잘 들여다보지 않으면 파악이 쉽지 않다. 피지털계는 물질과 데이터 영역이 끊임없이 섞이면서 상호 영향을 미치는 장이기도 하지만, 무엇보다 디지털 고유 논리가 때로는 현실 세계 위에 올라서서 우리 인간과 사물을 통제하려는 역전의 상황까지도 연출한다.

인터넷 역사로 보자면, 동시대 피지털 논리의 등장은 정말 격세지감이다. '포스트미디어 혹은 인터넷' 시대라고 열광하던 1990년대만 하더라도 우리는 현실의 사회관계가 비물질과 가상의 데이터 세계로 확장되는 상황만을 주로 목도했다. 반면 2010년대로 들어오면 이른바 '포스트디지털(피지털)' 국면으로 지칭되면서, 거꾸로 비물질계의 새로운 닷컴 질서와 규범이 현실의 물질계로 흘러 내려오면서 새로운 역방향의 규정력規定力을 행사하기 시작한다.

인터넷의 피지털 국면에서는 데이터 세계의 고유 논리가 현실 세계로 흘러넘치는 특이한 경험을 간혹 겪기도 한다. 2016년 서울 강남역 '묻지마' 살인사건에서 드러난 여성 혐오 범죄를 떠올려보라. 이 살인사건에 분노해 강남역 출구 주위를 가득 메웠던 수많은 추모의 포스트잇 메모는 이전과 다른 디지털 정서의 사회적 표현 형식에 해당한다. 이는 당시 유행하던 트위터의 140자 글쓰기 디지털 문화가 우리 사회에서 어떤 모습으로 뿌리 내려지는지를 보여주는 흥미로운 사례로 볼 수 있다.

'위험의 외주화'와 관련해 서울 구의역 스크린도어 수리 도중 한 청년 노동자가 사망한 사건도 마찬가지다. 당시 시민들은 사회적 애도의 방식으로 새로운 피지털 문법을 택했다. 자연스레 '포스트잇 정서'는 시민 스스로 사회적 공감을 전하는 흔한 형식으로 우리 사회에 정착되었다.

## '공유경제' 플랫폼, 피지털의 실세

디지털 문화의 현실 속 역전 효과는 이제 갓 생성 중이라 관찰이 쉽지는 않으나, 아주 선명하게 드러나는 지점도 발견된다. 즉, 물질과 데이터 접경을 매개하고 연결하면서도 새로운 시장 논리를 빠르게 구축하는 지배 흐름으로서 '플랫폼' 기업 활동이 그것이다. 플랫폼 기업의 시장 움직임은 대중매체에서 발견되는 것보다 상당 수준 우리 실생활의 가시권 안에 들어와 있다.

여기서 플랫폼은 터미널이나 장터같이 특정의 재화를 공급하거나 이것이 필요한 이들 사이 교류가 아주 잦은 눈에 띄는 곳을 뜻한다. 여러 닷컴 플랫폼 유형이 존재하지만, 특히 '공유' 플랫폼을 주목해보자. 우리는 이 플랫폼 기업들의 공식화된 시장 유형을 '공유경제sharing economy'라고 부르기도 한다.

이 공유 플랫폼들은 사용하지 않는 재화나 서비스를 필요한 이들에게 효과적으로 공급해 배치하고 매개하는 중개역을 자처한다. 우리가 흔히 쓰는 스마트폰 앱을 떠올려 보라. 대다수 앱은 이용자와 공급자를 끌어들여 그들이 내놓은 재화와 서비스, 예를 들어 집·자동차·노동·쉼기·공간·기계·시간·배달 음식 등을 상호 석재적소에 중개하고 대가를 챙기면서 가치 증식을 꾀한다.

문제의 시작은 재화나 서비스를 동원하거나 매개하는 능력을 갖춘 플랫폼 기업들이 현실 세계와 디지털 세계가 어찌 서로 관계를 맺어갈 것인지를 크게 좌지우지하는 '큰손'이라는 데 있다. 피지털이란 영역이 그저 데이터와 물질의 혼합계이면서, 단순히 현실의 소외되고 주목받지 못한 사물이나 사회 가치를 계속해 가시화하거나 타자에 대한 공감 능력을 확장하는 새로운 관계망이라면 무엇이 문제이겠는가? 하지만 이제 피지털 논리를 주로 정의하는 주체가 '오투오O2O, Online to Offline'라 불리는 앱 기반 플랫폼 기업이나 서구형 '공유경제' 플랫폼이 되면서 피지털계의 성격이 달라지기 시작한다.

국내 시장에서 배달의민족, 요기요, 직방, 야놀자, 알바몬, 카카오택시나 카풀 등을 우리는 보통 '오투오' 기업이라 부른다. 한국형 공유 플랫폼 업체들이다. 이들은 현재 우리의 피지털 논리를 좌우하는 주연급 배우들로 빠르게 성장하고 있다. 이미 '온라인 투 오프라인Online to Offline'이라고 풀어쓴 명칭에서 보듯, '오투오'란 데이터 세계의 플랫폼을 기축基軸으로 삼아 현실 세계로 내려와 여러 개인 영세업자의 재화와 서비스를 고객들에게 적절히 배치하면서 부를 축적하는 중개 브로커 사업자들을 지칭한다.

국내에 이미 진출했거나 철수한 서구의 공유 플랫폼

들, 예컨대 위워크WeWork 등 사무실 공유기업, 에어비앤비 Airbnb와 같은 숙박 공유기업, 우버Uber 등 자동차 공유기업도 조직 유연성에서 보면 좀더 탄력적이거나 우리와 거의 유사한 플랫폼들이다.

동시대 플랫폼들이 의도하든 의도하지 않든, 이들은 자본주의 시장 바깥에 머물던 선물경제gift economy나 무상 증여의 전통을 무차별적으로 플랫폼 시장으로 끌어들이는 흡입력을 발휘하면서 무엇이든 그들의 온갖 쇼핑몰에 입점하도록 하고 있다. 이는 화폐가 모든 것의 추상적 등가물로 등장하면서 대부분의 사물과 노동을 자본주의 시장 내부로 빨아들이는 과정과 흡사하다. 플랫폼은 시장 논리에서 면역되었다고 보거나 무관하다고 여겼던 지상의 거의 모든 것을 플랫폼 시장의 용광로 안으로 욱여넣는다. 신생의 피지털계가 퇴행하는 까닭이다.

## 피지털의 사회적 감수성 찾기

그 사례를 보자. 우리에게 익숙한 상호부조의 전통은 태스크래빗Taskrabbit, 알바천국, 알바몬 등의 임시직 노동 플랫폼 기업으로, 아는 이들끼리 숙박과 음식을 함께 나누고 베풀던 이웃 간 식객 문화는 에어비앤비로, 동네 커뮤니티 수준에서 비공식적으로 이루어지던 자동차 동승문화는 우버나 카카오택시 카풀로, 하숙집이나 임대 문화는 셰어하우스 등 공유형 주거 플랫폼으로 이미 흡수되거나 대체 중이다. 자본주의 피지털 질서 아래 이 모든 사라지는 것은 굳이 시장의 테두리 안에 두지 않아도 꽤 자율적으로 유지되던 우리 공동의 호혜 문화 자원들이었다.

다른 한편에서, 플랫폼이 아예 현실 질서의 주도권을 쥐게 되는 역전의 상황도 크게 늘고 있다. 배달의민족이나 요기요의 배달 앱이 현실의 치킨가게 점주는 물론이고 배달 라이더의 생계와 노동권을 점점 틀어쥔다. 비슷하게 카카오택시나 타다 등 운수 앱이 택시 기사와 프리랜서 기사의 노동조건을 뒤흔드는 일이 흔하게 되었다. 셰어하우스나 주거공유 앱은 이전 소유주와 임차인 관계에 또 다른 브로커 임차 관리인 행세를 하면서 그러지 않아도 심각한 임대차 긴장 관계에 또 다른 옥상옥屋上屋 구조를 만들어낸다.

위워크 등 사무실 공유 앱에 의해 향후 도심 부동산 시장과 임대 문화가 바뀌는 일은 시간문제인 듯싶다. 트립어드바이저TripAdvisor 호텔 앱에 매긴 별점과 추천이나 인스타그램에 올린 맛집 인증 사진과 평가로 만들어진 점수 값은 현실에서 특정 가게의 명성이나 시세만큼, 아니 그 이상의 '주목 경제attention economy' 효과를 발휘한다.

플랫폼 기업들은 우리 사회가 원하는 상생의 방향과 꽤 다르게 움직이고 있다. 이는 시민들이 피지털계를 가로지르며 타자와의 사회적 공감 정서를 확산하던 방식과는 사뭇 다르다. 오늘날 플랫폼 기업이 구조화하는 피지털 논리는 이미 악화된 노동 상황을 더 위태롭게 만들거나, 주거와 사무실 임대차 긴장 관계를 더욱 자극하거나, 가상의 별점과 평점을 동원해 실물자산에 또 다른 지대 거품이나 젠트리피케이션을 야기하는 등 외려 현실의 질서 왜곡을 심화하고 있다.

오늘날 서울과 같은 대도시에서 플랫폼 닷컴 시장 논리는 '포케몬 고'의 증강현실 게임 캐릭터들처럼 현실 곳곳에 스며들고 있다. 기술혁신과 효율을 명분으로 현실의 재화와 서비스를 임의로 배치하려는 중개 플랫폼 기업들을 향한 주류 언론의 상찬에 비해, 도시 속 시민들의 생존과 공생 문제와 맞닿은 피지털 논리는 점차 논외로 취급된다. 플랫폼의 신질서를 기술혁신의 언어로만 치장하기에는 현실에 미치는 플랫폼 자본의 폐해가 심각하다. 우리 삶의 장소가 시민의 디지털 감수성을 키우는 실험장이 될지 아니면 플랫폼 시장 논리에 의해 더욱 기괴한 모습이 될지는 결국 우리가 스스로 이 시장 독단의 논리를 제어하면서도 피지털의 사회적 감수성에 활력을 불어넣을 수 있느냐에 달려 있다.

## '기술 문화'와 '소프트웨어 문화'

문화와 기술은 우리에게 서로 다른 영역이나 범주처럼 여
겨지기도 한다. 주로 기술은 공학이나 과학의 일부로 취급
되어왔다. 문화와 기술을 서로 무관하다고 보는 태도는 대
체로 기술을 단순히 사용과 기능으로만 파악하면서 발생한
다. 19세기 초·중반 프랑스 기술철학자였던 질베르 시몽동
Gilbert Simondon(1924~1989)은 인류가 기술을 그저 구조 없는
공학의 세계 속에 밀어넣으면서 문화와 기술을 상호 별개의
것처럼 여겨왔다고 비판했다.[1]

　　시몽동은 문화와 기술이 쉽게 맞물려 하나가 되었지
만, 기술을 중립의 공학적 대상으로만 보려고 했던 인간

의 기능주의적 편견을 지적했다. 그가 사용했던 '기술 문화 culture technique'라는 혼성 개념에서처럼, 우리는 갈수록 더욱더 일상 삶으로서 문화가 된 기계(공학) 문화를 더 쉽게 관찰하고 발견할 수밖에 없다.

레프 마노비치Lev Manovich와 같은 미디어 이론가는 시몽동식 '기술 문화'의 주장을 좀더 현대화해 오늘날 우리가 향유하는 문화 형식과 내용을 '소프트웨어 문화'라고 언급하기도 한다.[2] 이 개념은 하드웨어 기술만큼이나 아니 그 이상으로 소프트웨어 기술이 우리의 '문화' 양식을 구성하는 물질적 요소와 비물질적 구조를 형성하는 데 중추 역할을 맡고 있다는 데 착안한다. 그의 '소프트웨어 문화'는 시몽동이 거론했던 '기술 문화'의 동시대 묘사 방식인 셈이다.

결국, 우리가 '소프트웨어 문화'나 '기술 문화' 개념을 썼을 때 얻을 수 있는 중요한 효과는 문화 현상과 기술 체계의 분리 불가능성에 대한 강조다. 적어도 우리가 영위하는 자본주의 체제 아래 기술 문화 혹은 소프트웨어 문화가 인류의 삶과 일상 거의 모든 곳에 틈입하게 되면서 우리는 이제 기술과 문화를 떼어놓고 그 어떤 이야기를 논하기가 어려워졌다는 점을 확인할 수 있다.

오늘날 빅데이터, 알고리즘, 플랫폼, 게이밍gaming, 인공지능, 사물인터넷 등 '제4차 산업혁명'의 요소 신기술들, 이를 토대로 작동하는 유튜브, 구글, 페이스북, 인스타그램, 카카오 등 뉴미디어 플랫폼 환경을 보자. 피지털을 주도하는 고도화된 기술의 기업 플랫폼은 지금까지와는 선혀 다른 새로운 기술 문화를 형성하면서 우리 삶의 문화 인프라 '환경'이자 구조로 점차 굳어지고 있다.

일상적으로 '환경화'된 기술 체계가 오늘날 인간 삶의 사회와 문화에 포개지고 공진共振하면서, 그 자체로 새로운 형태의 기술 문화 혹은 소프트웨어 문화를 형성하고 있는 것이다. 이 새로운 기술 현실은 우리에게 문화의 기술적 결합 층위, 즉 신종의 '기술 문화' 현상들을 낳으면서 우리 각자가 이에 좀더 사려 깊게 대면할 것을 요청한다.

## 빅데이터가 자본주의를 집어삼켰다

'제4차 산업혁명'이라 불리는 일련의 어벤저스급 신기술 꾸러미의 핵심에는 '빅데이터'가 자리한다. 빅데이터는 미래 신기술의 일부이기도 하지만, 다른 신기술을 작동하게 만드는 이른바 디지털 에너지이자 핏줄과 같은 것이라고 보면 좋겠다. 빅데이터가 '원유原油'와 같다는 닷컴업계의 비유법은 이의 시장주의적 열광에서 출발한다.

구체적으로, 데이터가 원유라는 비유법은 빅데이터가 전 세계 어디든 데이터 수집과 처리가 가능한 클라우딩 서비스, 수없이 교차하는 데이터 신세계 구상인 사물인터넷, 각종 데이터가 거래되고 매칭되는 플랫폼 장치, 데이터 분석의 자동화 기계인 인공지능 알고리즘 분석 등에 일종의 기본 원료로 조달되는 까닭이다.

원유가 지구에 매장된 유전에서 탐사된다면, 빅데이터는 시민들 개인의 신체 활동 정보에서 비롯한다. 빅데이터는 보통 '정형(주민번호, 신용, 건강, 교육 데이터 등)' 데이터와 '비정형(감정, 정서, 정동情動, 생체리듬 등)' 데이터로 나뉜다. 오늘날 단 하루에도 인간들이 수천 년간 이루어온 인류 문명의 기록을 능가하는 데이터를 생산한다고 할 때, 이는 주로 비정형 데이터의 천문학적인 생산 규모를 뜻한다.

빅데이터 시대는 전통적으로 정부가 채집하는 시민의 공식화된 '정형 데이터structured data'보다는 기업들의 주요 관심사이기도 한 일상에서 주고받는 시민들의 정서 표현이나 생체리듬 정보의 '비정형 데이터unstructured data'가 중심 가치로 떠오른다. 그저 데이터 시대가 아닌 '빅'데이터 시대라는 명명법은 바로 이 급증하는 비정형 데이터가 자본주의의 핵심 생산 원리로 편입되는 현실을 지칭한다.

현대인들이 스마트 미디어를 통해 분출하고 나누는 감정, 정서, 정동, 생체리듬의 광대한 네트워크 흐름은 새로운 시장 자원이자 문화 그 자체가 된다. 대개 이용자 데이터와 콘텐츠는 온라인 '플랫폼'을 통해 거래되면서 저 멀리 국내외 기업들의 클라우드 서버에서 부지불식간에 알고리즘 기계에 의해 분석되고 예측되면서 주로 자본의 이윤을 위한 땔감이 된다.

스마트 기계를 사용하는 일반 대중은 스스로 만드는 데

이터와 누군가에 의해 만들어진 콘텐츠를 언제든 원하는 방식으로 플랫폼이라는 데이터 중개소에서 소비하면서도 동시에 자신의 감정, 태도, 행동 등 각종 데이터 정보(좋아요, 화나요, 슬퍼요, 별점, 별풍선, 인증샷, 댓글, 태깅, 움짤 등)를 인터넷 공간에 남기며 각자가 원하는 취향의 세계를 구축한다. 스마트 플랫폼 기술 환경은 데이터 처리 과정을 통해 인간 정서 교류와 소통 활동을 매개하고 중개하면서 이른바 신종 '빅데이터 기술 문화'를 형성한다.

우리는 이렇듯 누군가의 강요나 강제 없이 플랫폼 활동을 통해 스스로 만들어낸 거대한 디지털 감정의 소용돌이 안에, 데이터 생산의 분석 흐름 속에 놓인다. 아이러니하게도 스마트 누리꾼들 거의 모두가 플랫폼이 제공하는 서비스를 매일같이 자발적으로 즐겁게 사용하면서 동시에 자신의 몸에서 데이터 부스러기들을 배출하며 스스로 자본주의 시장의 목적이 되어간다.

## 인플루언서와 소셜테이너의 시대

빅데이터는 이렇듯 플랫폼 자본주의 경제를 위한 이윤의 원천이 되기도 하지만, 동시에 직접적으로 우리가 향유하고 즐기는 일상 문화의 혁명적인 변화를 낳기도 한다. 빅데이터 기술이 우리의 일상 삶에 미친 변화의 내용을 보자. 우선은 문화 소비나 향유의 민주화는 말할 것도 없고, 문화 제작과 지식 생산의 대중화를 더 앞당겼다. 적어도 기술 여건만 보자면, 오늘날 누구든 원하면 데이터 생산과 유통의 주체로 나설 수 있다.

수많은 대중의 아마추어적이지만 협업적이고 집단적인 표현물이 주류 문화상품과 함께 문화 시장에서 틈새 경쟁하는 길이 열렸다. 더군다나, 평등주의적 데이터 소통과 표현의 '바이러스 같은(바이럴)' 쾌속의 확장 능력에 힘입어, 가령 위키피디아와 나무위키를 통한 집합 지성의 발현이나 '미투' 운동을 통한 여성들의 정서적 연대나 교감이 이루어질 수 있게 되었다.

빅데이터 기술은 대중문화 취향을 미리 가늠해 보여주거나 특정 문화적·장르적 깊이나 질감에 좀더 민감하게 반응한다. 구체적으로, 빅데이터 기술은 대중문화 생산 방식을 알고리즘 장치로 자동화하고, 이로부터 문화 소비 주체 각자의 문화 취향들을 알고리즘으로 분석해 자동 추천하는 기술 문화 환경을 구축한다.

가령, 온라인 콘텐츠 서비스 업체인 넷플릭스 같은 회사는 대표적인 주자라 할 수 있다. 넷플릭스는 서비스 가입자들의 동영상 취향에 맞춰 영화나 드라마 콘텐츠를 예측해 추천하고, 그 정확도를 높이면서 전 세계적인 콘텐츠 제작과 유통 비즈니스의 공룡으로 성장하고 있다.

넷플릭스와 마찬가지로 유튜브도 누군가 영상을 소비할수록 좀더 그(그녀)의 취향에 가까운 콘텐츠를 예측해 '자동 재생autoplay'하는 동영상 서비스를 제공하고 있다. 적어도 이와 같은 빅데이터 알고리즘 예측은 콘텐츠 소비자들 각자가 지닌 특정 취향의 독특한 결들을 지속적으로 강화한다는 점에서 유용하다. 이는 특정 취향의 내적인 밀도를 높이는 장점으로 작용하기도 하지만, 누군가의 취향을 한곳에 잡아두면서 그 바깥으로 튀어나갈 길들을 자연스레 막는 문제를 동시에 안고 있다.

결국, 빅데이터 기술 문화는 주로 이용자 층위에서 문화 콘텐츠 정보 생산과 제작의 대중화를 좀더 확산하는 계기를 마련하고 있다. 가령, 이전에 없던 유튜브 크리에이터(유튜버)나 콘텐츠 큐레이터 등 대중 콘텐츠 제작과 유통 역량이 이전보다 크게 증대하고 있다. 전통적인 공중파 방송 등 전파 송신의 독점적 권한을 갖는 절대 지위가 흔들리는 대신에, 오히려 대중 콘텐츠 생산자나 새로운 '소셜' 매개 집단과 '소셜' 문화적 영향력을 발휘하는 소위 인플루언서, 소셜테이너, 유튜버 등이 새롭게 명성을 얻는 시대가 되고 있다.

질적으로 보면, 이는 단순히 이용자의 콘텐츠 제작 참여라는 수준을 넘어서 그들 스스로 문화 시장 내 지분을 획득하면서 문화산업의 생산과 제작 프리랜서 혹은 엔터테이너로 등장하는 신생 문화산업 인력 시장을 열고 있는 것이다.

# 빅데이터가 만드는 문화적 편향

빅데이터 문화가 그저 표준화된 문화산업 질서에 더해 현대인의 창의적 표현과 자유의 영역을 신장하기만 하는 것은 아니다. 동일한 데이터 기술 원리로 인해서 대중 표현과 제작의 자유를 거스르는 퇴행의 경향도 커진다. 한쪽에서 대중의 빅데이터 문화 생산이 늘면서 시민 창의력을 확대하기도 하지만, 한쪽에서는 기업 데이터로 곧바로 흡수되어 플랫폼 운영자의 부를 확대하는 닷컴 산업 질서를 만들어낸다.

첫째, 유튜브·페이스북·인스타그램 등에서 이용자들 각자 자발적으로 데이터와 문화 콘텐츠를 생산해 업로드하면서 우리가 '재미'와 '놀이'를 즐기는 듯 보이지만, 이 자발적 문화 '활동'과 결과물은 거의 모두 플랫폼 장치 안으로 흡수되면서 문화나 정보 '노동'으로 포획되고 귀속되는 결과를 초래하고 있다. 즉, 우리 스스로 생산한 데이터 활동에 대한 적정한 보상이 이루어지거나 개별 소유로 남기보다는 주요 플랫폼 업자들의 데이터 분석을 위해 혹은 데이터의 사유화 속으로 흡수되는 과정을 거친다.

가령, 꿀벌과 양봉업자의 비유는 이에 꽤 잘 들어맞는다. 소셜미디어 플랫폼에서 이용자들은 꿀벌처럼 즐겁게 화수분을 행하면서 부단히 꿀을 모아 꿀통(개인 계정과 스토리라인)에 담지만, 곧 그 수확물이 양봉업자(플랫폼 사업자)에 의해 '포획capture'되는 아이러니한 현실 말이다.

둘째, 플랫폼 알고리즘 분석과 취향 예측에 최적화된 문화 소비 주체가 되는 '알고리즘 주체algorithmic subject'의 탄생은 개별 주체들이 세분화된 문화 선호를 꾀하지만, 정반대로 심히 우려할 만한 계기도 갖고 있다. 가령, 맞춤형 콘텐츠를 서비스하는 넷플릭스나 유튜브 등은 이용자 취향을 세분화하고 최적화된 맞춤형 콘텐츠를 제공하면서 세분화한 문화 취향을 만들어냈지만, 동시에 우리 취향을 한곳에 가두면서 점점 납작하게 만들고 정해진 경로 안에서만 가둘 확률도 높인다.

플랫폼 알고리즘 기계는 이용자 활동을 분석해 그들을 유형화하고 그들이 좋아할 만한 것들을 예측해 추천하면서, 각자가 좋아하는 것의 경계 밖 이질적이고 낯설고 타자화된 문화들에 대한 관찰 자체를 각자의 시야에서 아예 처음부터 자동 배제할 공산이 커졌다. 다시 말해, 빅데이터 기술 문화는 이미 존재하는 문화적 선호와 편견을 더 단단히 만드는 반면, 새롭고 이질적인 것들에 대한 대중의 접촉면을 현저히 낮춘다는 점에서 대단히 문화 보수적이다.

셋째, 일반 시민과 누리꾼의 빅데이터 활동과 생산은 문화 생산과 정보 유통의 혁명적 변화를 가져왔지만, 전통의 문화산업 노동시장 지형에서 보자면 일반 시민이 비공식적으로 문화 노동의 최전선에 배치되는 효과를 내고 있기도 하다. 온라인 크리에이터, 큐레이터, 유튜버, 인플루언서 등 수많은 신종 노동자 그룹이 주류 미디어 문화산업에 흡수되

거나 그 주변에서 광범위하게 문화산업의 외곽 '예비부대'
처럼 기능하는 형국이다.

물론 이들 중 아주 극소수만이 경쟁 속에서 주류 시장
에 진입하는 반면, 대부분은 플랫폼들에 매달린 채 매일매일
무급의 데이터 생산 문화 노동자들로 전락한다. 그럼에도
현실은 대중의 데이터 활동에서 얻은 닷컴기업들의 수익에
대한 어떠한 적절한 보상책 혹은 사회적 증여가 부재한다.

넷째, 빅데이터 기술 문화는 가짜뉴스의 범람, 즉 진실
과 가짜를 구분하기 어려운 혼돈의 시대로 우리를 이끌고
있다. 우리는 빅데이터에 의한 대중 여론 조작이 범람하고
'팩트 체크fact check'가 일상인 불투명한 현실을 앞으로 감내
하며 살아가야 한다. 데이터의 조작과 왜곡은 자연히 진실
값을 뒤흔든다. 가짜는 진실의 존재 여부와 상관없이 진실
에 위해危害를 가한다. 가짜가 범람하는 이유이기도 하다. 대
중은 그로부터 진실에 대한 판단을 대부분 유보하고, 데이
터 현실에서 진실을 찾거나 시간을 요하는 진실 찾기 행위
를 쉽게 포기하는 경향이 커질 것이다. 데이터 풍요가 사회
의 새로운 딜레마인 이유다.

자본주의 문명의 가장 큰 에너지원인 '원유'가 이제 지
구 생태 교란과 지구온난화의 주범이 된 것처럼, 빅데이터
도 플랫폼 자본주의의 성장에 가장 중요한 질료이면서 동시
에 인간 삶과 의식에 잠재적 위협이 되고 있다. 그렇다고 해
서 우리가 다가올 빅데이터 기술 문화의 우울한 미래 때문

에 맥없이 주저앉을 이유는 없다. 우선 온라인 세계에서 우리가 만들어내는 수많은 데이터가 우리 자신의 결정 권한 안에 귀속될 수 있도록 하고, 각자의 데이터 노동에 대한 다양한 방식의 사회적 보상과 증여 체제를 마련하려는 노력부터 해야 한다.

또한, 우리의 문화적 취향을 이리저리 조정하는 플랫폼 알고리즘 체제의 편견을 제거하고 플랫폼 기술의 사회적 투명성에 대한 요구도 병행해야 한다. 근본적으로는, 문화를 향유하고 생산하는 시민 역량과 동시대 기술 현상에 대한 이해력과 이를 비판적으로 해독할 줄 아는 '리터러시(문식력)'를 배양할 필요가 있다.

문식력文識力은 무엇보다 빅데이터가 주조하는 신종 기술 문화에 대항할 수 있는 시민의 기술 문화 역량으로 볼 수 있다. 이는 단순히 기술 문화를 이해하는 능력만이 아니라 문제를 비판적으로 해독해 사회에 적용되는 기술을 재디자인할 줄 아는 능력이다. 우리 스스로 어떻게 이와 같은 비판적 리터러시를 키울 수 있을 것인지는 대안 기술 문화 구성과 관련해서 시민사회의 핵심 의제가 될 것이다.

# 유튜브는 어떻게
# 블랙홀이 되었는가?

## 유튜브에 있는 '창의 시민'

동영상 소비 패턴이 크게 달라졌다. 이제 우리 국민 절반 이상이 동영상 플랫폼 유튜브를 이용하고 있다. 다른 플랫폼에 비해 평균 2시간 이상으로 가장 오래 머물고 있다는 통계도 발표되었다. 최근 청(소)년들은 텔레비전을 시청하지 않아도 유튜브를 거르는 일은 없다. 아이들은 장래 가장 선호하는 직업으로 1인 '크리에이터'를 꼽는다. '크리에이터' 혹은 '스트리머'라고도 불리는 이들은 알려진 것처럼 유튜브 등 플랫폼에서 동영상을 제작해 올리는 프리랜서 문화 노동자들을 지칭한다.

유명 방송인들조차 유튜브에서 잔뼈를 키워 스타의 반

열에 오른 이들 신흥 '셀러브리티'의 급성장과 영향력에 긴장한다. 그러니 정치인, 문인, 기성 유명 연예인 모두 유튜브 방송에서 말하고 동영상을 찍으려 한다. 다른 나라와 비교해봐도 우리의 유튜브 동영상 제작 문화는 사회적 열병 수준이다.

대중의 일상 창작과 전문적인 문화 생산 사이의 경계가 허물어진 지 오래다. 문화산업 전문 직군에 의해 생산된 문화상품들은 물론이고, 아마추어들도 문화 창작 영역에서 거대한 생산가치를 만들어내고 대중문화 취향까지 좌우하고 있다. 엘리트주의적 관찰자 시점에서 아마추어 대중이 뭔가 제작하는 것을 기특하게 여기던 시절을 이미 넘어서고 있다. 더는 대중 창작이 주류 문화 생산의 보완물이 아닌 것이다.

이제 대중의 활동은 직업으로서 문화 노동계만큼이나 문화 콘텐츠 시장과 문화산업의 주요 부문이 되었다. 그 가운데 유튜브라는 플랫폼은 어느새 프로와 아마추어 생산물 할 것 없이 거의 모든 콘텐츠가 제작·유통되는 거대한 용광로가 되었다.

호주의 문화산업 정책 전문가로 국내에도 여러 번 초대된 존 하틀리John Hartley 교수는 그의 저서인 『창의 산업』에서 영국식 '창의 산업' 분류법을 참고해 '창의 시민creative citizen'이라는 문화 노동자 범주를 고안해낸 적이 있다.[3] 보통 문화산업 부문이라 한다면 우리는 주로 이에 연계된 전문 산업 직종을 떠올린다. 그런데 하틀리는 명민하게도 이제까지의 분류 범주에 더해 문화산업 바깥에 머무르던 소비 대중의 활동을 핵심 산업 부문 안으로 끌어들였다.

하틀리는 야전에서 그저 콘텐츠 소비 활동을 벌이고 있는 이름 없는 대중을 '창의 시민' 문화 노동자층으로 적극 흡수해 생산의 동력으로 삼아야 한다는 파격 논리를 펼쳤다. 말 그대로 이는 전 국민의 문화산업 노동자화라는 '극한 직업' 구상이다.

국내 '유튜브 열광'은 하틀리식 '창의 시민' 구상을 우리 스스로 닦달하는 꼴이다. 정부나 기업은 손 하나 까딱 안 하고 코 푸는 격이다. 하지만 그 정도에 만족할 리 없다. 여세를 몰아 정부와 산하기관은 크리에이터들에게 제작 지원은 물론이고 관련 공모전에 큰돈을 마구 풀고 있다. 점점 크리에이터는 문화 노동 주력군이 되고, 국가 문화산업이자 문화 경제부흥 논리에 동원된 한류 스타처럼 편입되어간다.

문화산업계는 창의 시민을 문화 시장에서 노동자들로 공식화하는 데 더 큰 욕망을 지닌다. 아예 연습생을 양성하거나 스카우트하거나 해외 지사를 꾸리는 전문 크리에이터 기획사들이 흔해졌다. 소위 MCNMulti Channel Network(다중채널네트워크)이 몇 년 전부터 공식적으로 생기면서 이들이 전문경영 기획사로 나서고 있다. 기획사들은 우후죽순처럼 생겨 국내에 그 숫자가 수백 개에 이르고, 더 큰 시장 이익을 위해 중국과 베트남 등 동남아시아에 진출하고 있다.

한 기획사에는 적게는 수백 명에서 많게는 수만 명의 크리에이터가 등록되어 있고, 이들은 보통 내부 연습생 과정을 거친 후 하루에 보통 10여 시간 방송을 진행하는 전문 크리에이터로 길러진다. 이 신생 크리에이터 양성소들은 기존 연예기획사의 조직문화와 유사한 문화 노동의 위계 시스템을 갖추면서 전문직 업종으로 분화하고 있다.

기획사의 배경 없이 인터넷 방송을 행하는 대다수는 자신이 만든 콘텐츠 주목도를 높이기 위해 그 누구도 강제하지 않는 무보수 노동을 벌이며, 더 많은 '구독' 신청을 받기 위해 수없는 노력을 감내해야 한다. 물질적 보상을 얻지 못하면 대개 관심, 관계, 주목, 인기, 명성 등 정서적 보상과 보답에 자위하는 데 머문다.

물론 간혹 선택된 크리에이터가 만든 콘텐츠 가치와 스타성은 광고와 연동된 클릭과 별풍선 등으로 보상받지만, 그와 같은 금전적 보상이나 명성을 얻어 '스타'의 반열에 오르는 일은 그야말로 하늘의 별 따기다. 유튜브 유명인의 지위는 연예기획사에 매인 그 수많은 이름 모를 연습생이 겪는 경쟁과 비애에 견줄 만큼 자기 자신을 혹사해야만 뭇 아마추어 크리에이터보다 먼저 자신의 기회를 부여잡을 수 있다.

신흥 문화산업 시장은 한 여성 웹툰 작가의 말대로 '압정' 모양과 같은 계층 구조와 닮아간다. 전통적으로 피라미드 계층 구조라고 해서 중산층으로 상징되는 중간이 폭넓게 존재하는 사회구조와 달리, 거꾸로 뒤집어진 압정 구조는 그 중간 허리가 사라진 채 꽤 성공한 아주 소수의 상층 고소득 유튜버만이 승리감에 도취해 있는 모양새다. 대부분의 유튜버들은 계층 상승의 사다리가 막힌 채 하층 밑바닥에서 저 멀리 성공의 압정 끝을 욕망하며 하염없이 데이터 활동과 노동을 수행한다. 아마추어 혁신의 대중문화 본산이라 할 만한 유튜브 시장은 이렇듯 혹독한 플랫폼 계층 질서를 통해 자본주의 문화산업의 신흥 전장戰場으로 바뀌고 있다.

## 청년들의 '그림자 노동'

유튜브 플랫폼의 인기가 지구적 보편 현상이라고 하지만, 왜 우리 사회에서 이제 와서 더욱 과열 조짐을 보일까? 우선은 척박한 노동환경에서 노력을 통한 계층 상승의 문이 거의 사라진 현실에서, 방송연예계만큼이나 유튜버 성공 신화가 함께 뒤섞이며 색다른 과잉 열풍이 이는 듯싶다. 침체된 고용시장과 불안하고 위태로운 미래 일자리는 더욱더 청(소)년의 온라인 활동을 부채질한다.

흥미롭게도 디지털 플랫폼들은 자본주의 경기 불황기에 신규 창업하거나 활성화되는 경향이 크다. 가령 2011년 미국 경기 침체기에 우버와 같은 카풀 플랫폼은 당시 실업 문제를 해결하겠다며 "누구나 프리랜서 운전자가 될 수 있다"는 슬로건을 내걸고 서비스 시장에 뛰어들어 돌풍을 일으킨 전력이 있다.

국내 시간제 '알바' 노동, 배달 서비스, 원룸 등을 연결하는 플랫폼 앱이나 대중의 콘텐츠 생산 노동 플랫폼의 성장세도 다르지 않다. 이들 신생의 플랫폼은 장기화하는 경기 침체와 만성 실업 상황에서 더 큰 활황을 보인다. 정규직의 꿈에서 점점 멀어지고 시급 노동으로 불안하게 남아도는 '잉여' 노동 시간들은 소셜 플랫폼에서 글, 댓글, 좋아요, 맞팔, 멘션, 이모티콘 등 각종 데이터 활동은 물론이고, 수많은 편집과 보정을 거친 동영상 콘텐츠 제작을 위한 활동에 소모된다.

청년들의 불안정 노동 상황이 악화할수록 자발적으로 플랫폼에 접속해 그들에게 남겨진 잉여의 자유 시간을 '그림자 노동'처럼 쓰는 경우가 더 늘어난다. 몇몇 '마이크로 셀러브리티'의 성공담을 제외하고 그들의 자발적인 플랫폼 참여가 문화산업을 떠받치는 무급 노동으로 쉽게 전락할 수밖에 없다. 반면 유튜브 등 플랫폼들은 경기 불안과 대량 실업으로 길거리에 내몰린 위태로운 노동력을 탄력적으로 흡수하면서 시장 도약의 발판으로 삼는다.

## 유튜브의 알고리즘 편견

유튜브는 초창기에만 하더라도 그저 우리에게 어떤 새로운 영상 미디어 감각이나 동영상 매개형 커뮤니티 감각을 배양할 수 있는 새로운 플랫폼의 가능성만을 얼핏 보여주었다.

그런데 유튜브는 사업을 개시한 지 채 2년도 못돼 엄청난 가격에 구글에 인수되었다. 그 후 검색엔진으로 성공했던 구글식 알고리즘 기술 체계가 유튜브 플랫폼에 새롭게 장착되었다. '알고리즘'이 특정의 정보를 분류·선택·조직·연결하는 자동화된 명령어 체계라고 본다면, 구글은 알고리즘 기술을 이용해 광고주를 매칭해 수익을 챙기는 일뿐만 아니라 유튜브 이용자의 콘텐츠 이용과 소비를 표준화하는 데 적극 활용해왔다.

불과 몇 년 사이 유튜브로 음악을 스트리밍해서 보고 듣는 습관이 몸에 밴 사람이 많다. 여기에는 구글이 지닌 맞춤형 알고리즘의 기술력이 깔려 있다. 이용자는 자신이 소비하는 동영상들의 검색어, 시청 방식, 장르, 종류, 빈도, 시간에 따라 좀더 개인 취향에 맞춘 연관 동영상 콘텐츠 서비스를 제공받을 수 있다. 이용자의 자발적 클릭과 검색 행위가 기계학습(머신러닝)된 알고리즘 원리와 연결되고, 여기에서 특정 조합의 자동화된 추천 콘텐츠 목록을 제시한다.

몇 년 전부터 유튜브는 '자동 재생' 기능을 서비스에 추가하면서 중간 광고를 제외하고 연속해 각자 취향에 맞는 콘텐츠를 원 없이 소비할 수 있도록 했다. 이를테면 넷플릭스가 콘텐츠 이용자가 원하는 문화 코드, 장르 취향, 영상미, 내러티브 등을 자체 알고리즘으로 분석해 영상 제작 방식을 완성했다면, 유튜브는 이렇듯 동영상 소비 패턴의 알고리즘 자동화로 전 세계 이용자들의 의식 흐름과 취향을 사로잡았다.

　　문제는 투명한 듯 보이는 이 자동 알고리즘 장치에 편견과 관성을 내재화하고 재생산하는 문화 검열의 자동화 원리를 꽁꽁 숨겨두고 있다는 데 있다. 유튜브는 개인 동영상 소비 패턴을 계산하고 가입자의 누적 기록을 분석해 정확하고 신속하게 '관련, 추천, 맞춤' 등 개별 취향의 콘텐츠 목록을 보여주는 방식을 채택하고 있다. 내가 남긴 기록을 통한 연관 추천 동영상들의 발굴에서는 탁월하다는 이야기다. 반대로 이는 치명적 약점이기도 한데, 나와 다른 취향으로 자동 추천이 널뛰거나 내 취향 바깥에서 일어나는 아주 다른 급격한 변화를 관찰하기가 매우 어려운 것도 사실이다.

　　가령, 홍준표의 'TV홍카콜라'를 시청하던 이들과 유시민의 '알릴레오'를 시청하던 이들은 애써 이벤트를 만들어 두 유튜버의 조우를 목격하지만 않는다면 플랫폼에서 서로 볼 일이 없다. 우리는 같은 플랫폼에 접속하지만 불운하게도 이 드넓은 콘텐츠의 세계에서 서로 다른 취향의 자기만의 방(던전dungeon)들에 갇힌다. 더군다나 '자동 재생' 기술은 알고리즘이 추천하는 동영상만을 연속 소비하도록 이끌면서 더욱 자신의 취향을 고정된 틀에 가둘 확률이 커졌다.

　　유튜브가 세상을 보는 거의 유일무이한 창이 되는 우울한 현실에서 이는 더 심각한 일이다. 추천 알고리즘이 누군가 이미 갖고 있는 취향의 확장성에 도움이 되겠지만, 색다른 취향으로 월경越境하는 일을 처음부터 귀찮은 일로 만든다면 말이다. 취향의 경로의존이 높아진다면, 누군가 힙

합에 미치다 '강성' 헤비메탈을 찾는 장르 전환의 널뛰기 같은 우발성은 크게 줄 수 있다.

## 극우 성향의 정치 콘텐츠들이 성황인 이유

제이넵 투페키Zeynep Tufekci 같은 기술사회학자가 경고했던 바처럼, 유튜브의 알고리즘 편견은 본질적으로 이용자들을 오랜 시간 플랫폼에 붙들어두려는 과잉 욕망으로 유발된다. 투페키는 유튜브가 이용자의 체류 시간을 늘리기 위해 '극단'의 자극적인 맞춤형 콘텐츠나 '가짜뉴스'를 자주 노출한다고 주장한다.4 전 유튜브 추천 시스템 담당자였다가 해고된 기욤 샤슬로Guillaume Chaslot가 영국 『가디언』 등 언론에 폭로한 내용에서도 투페키의 주장을 확증한 적이 있다.5

유튜브에서 극우 성향 정치 콘텐츠들이 늘 성황이다. 인기 채널은 조회수 200만이 넘고, 보통 유명인은 수십만 명의 구독자 수를 자랑한다. 그에 비해 진보 색채의 크리에이터들의 활동이나 구독률은 저조하다. 실제 취향의 알고리즘 편견과 무관하다고 주장하는 유튜브 '인기 영상' 코너의 추천에도 '가짜', '혐오', '막말', 'B급' 정서의 콘텐츠들이 자주 보인다. 그런데 극우의 유튜브 팽창 현상은 추천 알고리즘이 극단의 정서를 선호하는 후광 효과 탓일까? 당장 극우의 유튜브 성공을 알고리즘 탓으로 돌리기에는 관련 사회 변수도 많고 입증도 어렵다.

안타까운 사실은 구글과 유튜브 등 플랫폼 자본이 운용하는 알고리즘 추천 방식에 대해 우리가 잘 모른다는 데 있다. 이는 우리에게 '암흑상자(블랙박스)' 같다. 우리 모두 자발적으로 문화 노동을 하고 거기에 콘텐츠를 공급하려는 열정에 비해 이 알고리즘 기계가 어떤 원리로 작동하는지에 대해 너무 무지하고 무감하다.

게다가 이 글로벌 플랫폼이 기술설계에 대한 본원적 문제 제기나 설명 청구조차 쉽지 않은 치외법권 영역에 있는 점도 문제다. 유튜브 플랫폼이 한국 사회에서 취약한 데이터 활동과 노동을 흡수하고 절연絶緣된 각자의 취향에 가두는 블랙홀이 되었다면, 하루속히 이 거대한 문화 권력에 알고리즘의 '투명성'과 '책임성'을 강제하는 일이 우선이다.

# 넷플릭스 알고리즘이
# 취향을 납작하게 만든다

## 과로사회의 콘텐츠 소비문화

요즘 대중의 일상 콘텐츠 소비 행태가 꽤 흥미롭게 분화하고 있다. 가령 오락 콘텐츠는 넷플릭스, 음악은 유튜브, 뉴스는 정규 공중파 방송이나 종합편성채널, 사건이나 시사는 트위터나 페이스북 친구들이 퍼나른 링크와 논평을 소비하는 식이다. 그 가운데 우리의 콘텐츠 소비 양상을 가장 크게 바꾼 주역을 꼽으라면 단연 넷플릭스가 아닐까 한다. 요새 넷플릭스 콘텐츠를 모르고서는 영상문화 트렌드를 제대로 말하기 점점 어려워진다.

　　국내 미디어 전문가들은 우리 문화 시장의 특수하고 예외적인 정서 때문에, 초기 국내에 진출한 넷플릭스가 '첫

잔 속 태풍'으로 요란만 떨다 철수하리라 점쳤다. 하지만 예상과 달리 넷플릭스는 2016년 8월 국내에 상륙한 이래 2019년 10월 기준 월 결제액 매출 260억 원을 올렸고, 유료 가입자 수는 200만 명을 넘겼다. 향후 큰 변화가 없다면, 국내 '토종' OTTOver The Top(범용 인터넷망 영상 스트리밍 서비스)나 유료채널 서비스 업체들이 넷플릭스의 위세에 이렇다 할 저항도 못하고 속절없이 무장해제를 당하게 생겼다.

2019년까지 국내 심의를 거쳐 제공된 넷플릭스 '오리지널' 콘텐츠는 4,500여 편 수준이다. 이는 그리 적은 숫자가 아닌데, 국내 진출 이래 3여 년간 오리지널 심의 편수라는 점을 고려하면 꽤 상당한 제작량이다(반면 이 가운데 국내 오리지널 제작은 1퍼센트대에 머물고 있다). 규모 면에서 국내 비디오물 심의 전체 건수의 20퍼센트 정도에 육박한다고 하니 가히 넷플릭스의 시장 공세를 짐작할 만하다. 게다가 높은 제작 투자에 '고퀄리티' 콘텐츠만을 엄선하고, 여러 스마트 미디어를 통해 접근이 가능하게 해 언제 어디서든 쉽게 가입자들이 시청할 수 있는 탄력적 시청 옵션까지 제공하고 있다.

그에 반해, 국내 유료방송 채널 대부분은 자체 제작 프로그램의 부족과 열악한 제작 환경으로 인해 영상물 품질에 심각한 문제를 지닌 지 오래다. 그것도 얼마나 반복 재생하는지 리모컨을 돌리면서 우발적으로 마주치는 콘텐츠를 이어 붙여 시청해도 스토리 전개에 무리가 없을 정도이니, 현재 넷플릭스의 쾌속 성장이나 콘텐츠 우위는 어찌 보면 당연지사라고 하겠다.

우리처럼 노동시간이 긴 '과로사회'일수록, 선택할 수 있는 여가 활동의 경로가 적으면 적을수록 시민들의 텔레비전 시청 시간이 길어진다는 사실은 여러 연구를 통해 입증된 바 있다. 최근에는 경제협력개발기구OECD의 연구 결과에서 한국의 '실질 문맹률'이 가입국들 중 가장 높게 나왔는데 이도 크게 무관하지 않다. 보통 실질 문맹은 글을 읽고 쓸 줄 알아도 말귀나 문장 이해도가 떨어지는 현상을 지칭한다. 국내 실질 문맹률 악화의 배후에는 사실상 대다수 국민들의 낮은 열독률과 영화 등 영상문화 소비 위주의 문화 편식이 자리한다.

물론 사안의 주된 원인은 국내 경제활동인구의 노동 피로감이라 볼 수 있다. 노동 강도나 사회 스트레스가 거의 지구 최강 수준이다 보니 그냥 멍하니 영상으로 시간을 때우거나 가볍게 즐기는 콘텐츠 소비문화가 확대될 수밖에 없다. 코미디나 마블 코믹스 히어로 영화가 단숨에 1,000만 명 이상 관객을 동원하는 기이한 문화 현상도 일부 이것의 연장선상으로 이해해야 한다.

해가 갈수록 가입자 기록을 경신하는 넷플릭스의 급성장세도 국내 문화 소비의 편식 효과와 무관하지 않아 보인다. 가령 나이를 불문하고 '몰아보기' 혹은 '정주행 시청 binge watching', 넷플릭스 '폐인' 현상이 흔해지는 것은 우리 현실에서 당연한 일처럼 보인다. 이는 콘텐츠를 한 번 시작하면 멈출 수 없어서 한데 몰아 보거나 이어 보는 넷플릭스의 신종 시청 문화를 설명한다.

정주행 시청 행위는 영상 소비 방식의 한 측면이라 치부하기에는 사안이 그리 간단치 않다. 텔레비전 외에 별다른 문화 소비의 선택지가 불모인 우리의 현실을 방증하기 때문이다. 게다가 넷플릭스는 '19금 청불'이 거의 절반일 정도로 내용의 강렬도나 선정성이 높다. 성소수자 등 사회적·문화적으로 민감하고 급진적인 이슈들을 거리낌 없이 다루기도 한다. 전통의 국산 콘텐츠 공식에 지친 시청자들을 쉽게 빨아들일 수 있는 자극 요인인 것이다.

## 시청자가 콘텐츠를 선택하지 않는다

넷플릭스는 이미 설립 때부터 온라인 가입 모델을 도입했다. 방식은 이러했다. 서비스 가입자가 시청하려는 영화나 방송 목록을 웹페이지를 통해 신청하면, 미국 전역의 유통 창고들에서 우편망을 이용해 DVD 영상 콘텐츠를 배달하는 방식이었다. 그야말로 매장 없이 이루어지는 전국 단위 비디오 대여 유통 서비스였다. 넷플릭스의 초기 사업 모델은 인기 영상물뿐만 아니라 별로 찾지 않던 영상 콘텐츠들의 틈새 주목 효과와 소비를 늘리면서 소위 '롱테일 법칙The Long Tail Theory'의 대표적 성공 사례로 언급되기도 했다.

당시 넷플릭스가 사용했던 알고리즘은 '시네매치 CineMatch'라 불렸다. 구체적으로, 영화 콘텐츠 평점과 서비스 가입자의 대여 목록에 가중치를 두어 계산하고, 이를 기초로 개별 가입자에게 맞춤형 영상 소비를 추천하는 기법이었다. 흥미롭게도, 그 계산식에서 할리우드 유명 출연진이나 감독과 같은 할리우드의 성공 변수들은 알고리즘 분석에 일절 반영되지 않았다. 시장에 미치는 어떤 주관적이고 모호한 판단도 제거해버리고, 넷플릭스는 오로지 이용자 취향 변수만을 알고리즘의 결과값에 반영해 계산식을 냈다. 이제 와서 봐도 이는 콘텐츠 유통 플랫폼다운 '전산학적 computational' 측정 방식이었다.

넷플릭스의 시네매치 기술은 당시 동종 비디오 대여업계에서 블록버스터 같은 오프라인 매장 중심의 공룡 비디오 대여점을 무너뜨리는 전조가 되었다. 넷플릭스는 처음부터 물리적 매장 없이도 구하기 힘든 영상 콘텐츠 재고를 전국적으로 파악해 가입 회원들에게 즉각 발송하고 회수하는 유통 시스템을 구비했다. 게다가 회원들의 취향을 동네 비디오 매장 직원보다 시네매치 알고리즘이 정확히 파악해 관련 리스트를 추천했다. 현실의 지배적 공룡 기업조차 이를 도저히 당해낼 재간이 없었던 것이다.

초기 우편 배송 방식에서 스트리밍 서비스로 진화하고 자체 콘텐츠 제작 시스템을 갖추면서, 넷플릭스의 알고리즘 원리는 좀더 실시간으로 파악되고 미세한 이용자 행동들끼

지도 주목하는 단계로 넘어간다. 예를 들면 가입자가 특정 콘텐츠를 보다가 어느 시점에 멈추었는지, 어떤 특정 부분에서 빠르게 넘기기를 행했는지, 실제 보지 않고 찜만 해둔 내용들은 무엇인지 등 이용자의 미세한 콘텐츠 소비 패턴들을 알고리즘 기술 분석 대상으로 삼기 시작했다.

오늘날 넷플릭스의 알고리즘은 더욱 정교해지고 '암흑 상자'처럼 일반인의 식별이 어려워져간다. 최근까지 알려진 사실로 보면 그 작동 원리는 이렇다. 우선 넷플릭스는 자체 제작하거나 판권을 사들인 전 세계 콘텐츠를 무려 5만 종의 범주로 분류해 구분한다. 장르 세분화를 위해 50여 명의 '태거tagger'라 불리는 전문직 노동자가 움직인다. 이 태거들은 실리콘밸리에 있는 사무실에 출근하면 온종일 개별 영상 콘텐츠를 꼼꼼히 살펴 이를 짧게 설명하는 '태그tag'를 다는 일에 집중한다.

다시 말해 태거는 영화의 분위기, 줄거리, 유머 코드, 등장인물 특성 등을 간단히 정리해 개별 콘텐츠의 태그값으로 기입한다. 넷플릭스의 자동화 알고리즘은 태거들이 단 태그 내용들에 의존해 무려 5만 종의 콘텐츠 장르 구분을 자동 생성시킨다. 현재 1억 5,000여 만 명의 글로벌 가입자는 알고리즘 분석으로 파악된 각자의 구체적 사용 이력(시청 습관과 개별 콘텐츠 소비 취향)에 따라 이 5만 종의 장르 가운데 최적의 것에 매칭되고 여기에서 개인 맞춤형 영상 콘텐츠를 추천받는다. 이것이 바깥 세계에는 '넷플릭스 양자 이론

Netflix Quantum Theory'이라고 알려진 자동 알고리즘 기제의
비밀이다.[6]

## 넷플릭스와 〈킹덤〉

넷플릭스의 신종 알고리즘은 이제까지와는 전혀 다른 '시청
자' 개념과 위상을 구축하고 있다. 오늘날 넷플릭스 시청자
들은 우리가 알던 개성을 지닌 개별 해석 주체individual라기
보다는 5만 분의 1로 분할 가능한 알고리즘 분석의 대상체
로만 존재한다. 왜냐하면 넷플릭스의 글로벌 유니버스 안에
서는 시청 '공동체'나 '팬덤' 구성에 참여하는 자율적 주체
같은 능동적 시청자 개념이 더는 존재할 수도 존재할 필요
도 없기 때문이다.

　　넷플릭스는 자율의 영상 해석 주체인 전통의 시청자
개념을 완전히 해체한다. 그저 소수 태거들에 의해 생산된
데이터와 알고리즘 기계에 의해 세분화된 취향의 분류틀 아
래서 자족하는 콘텐츠 소비 주체로만 유효하다. 여기서는
과거 우리가 알던 영상 해석의 주체인 시청자는 사라지고,
오로지 알고리즘에 의해 양적 계산된 시청 습관과 잘게 쪼
개진 취향의 서비스 가입자, 즉 '수량화된 자아quantified self'
만 유효하다고 볼 수 있다.

　　더군다나 넷플릭스의 태깅tagging과 콘텐츠 분류법은
우리가 익히 알던 로맨스, 공상과학, 공포, 코미디, 인디 등

전통적 장르 구분도 무의미하게 만든다. 기술적으로 보면, 태깅 알고리즘으로 만들어진 5만 종의 촘촘한 맞춤형 분류 틀 중 하나가 나만의 시청 '장르'가 되기 때문이다. 따져보면 알고리즘 분석 대상인 개별 시청자 취향 그 자체가 넷플릭스의 신생 장르로 자리 잡는다고 봐야 한다. 넷플릭스의 장르 구분법에 따르면, 실상 특정 국가나 민족의 지역 콘텐츠 문화는 5만 개에 이르는 장르 구분을 위해 쓰이는 하나의 알고리즘 분석 변인變因에 불과하다.

　넷플릭스의 첫 한국 오리지널 제작 드라마이자 사극 좀비물로 주목을 받았던 〈킹덤〉(2019)은 사실상 '한국 공포물'이라는 국가나 민족이나 언어 등에 기댄 전통의 장르 구분법을 해체한다. 〈킹덤〉은 넷플릭스 알고리즘이 제시하는 5만 개 장르 구분법에 속할 텐데, 이를테면 '동양 고전 시대 좀비 장르' 정도로 분류될 확률이 더 높다. 국내 시청자들에게 한국 콘텐츠의 소비나 노출 방식이 분명 중요하지만, 넷플릭스의 글로벌 유니버스에서 '한국' 국적이란 그저 수많은 장르 변인 중 하나가 되면서 그조차 흔적도 없이 파묻힐 공산이 크다.

　애초 넷플릭스의 태생이 제작 능력이 아닌 '유통'업계의 귀재였음을 잊지 말자. 결국 넷플릭스의 이 자동화된 알고리즘 질서 속에서 개별 콘텐츠의 개성이나 특성, 지역성, 민족성, 국가 등은 특징적 태그 정보에 불과하고 그 외의 질감이나 단서는 아예 무無맥락화할 뿐이다.

넷플릭스는 자동 알고리즘을 통해 사용자에 대한 성향이나 취향에 대한 맞춤형 추천과 콘텐츠의 정교한 소비를 불러오는 것은 물론이고, 글로벌 콘텐츠 제작 방식에도 큰 변화와 영향력을 행사하고 있다. 넷플릭스는 자신의 플랫폼 제작 자본과 유통 질서 아래 전 세계에서 생산된 양질의 콘텐츠를 공급하려는 욕망을 지닌다. 넷플릭스는 미국 본토는 물론이고, 세계시장의 개별 단위 국가의 유능한 방송사나 해외 제작사들에서 콘텐츠를 원활히 제작·공급받고자 한다.[7]

전 세계 대부분의 영상 제작사가 이 글로벌 플랫폼 대부大富에 콘텐츠를 공급하지 않고는 생존하기 힘든 상황이 도래할 가능성도 점쳐진다. 최악의 경우 우리의 주요 방송사와 영상 제작사들이 유튜브의 '직업 크리에이터'처럼 넷플릭스의 콘텐츠 제작 하청업체 혹은 외주제작사로 전락할지도 모를 일이다. 넷플릭스 글로벌 자본의 투자 방식을 유의해 지켜봐야 할 대목이다.

## 넷플릭스의 빛과 그림자

넷플릭스의 글로벌 영상 제작 방식이나 고도의 알고리즘 기제를 살피기에, 아직은 국내 연구자들의 접근이나 방법이 여러모로 부족하고 설익은 상태다. 가령 우리가 발 딛고 있는 한국 사회와의 관계나 밀도가 현저히 낮은 넷플릭스의 그 수많은 콘텐츠를 과거의 관성대로 영상 비평하거나 분석하는 일이 과연 우리에게 얼마나 의미가 있을까? 기존의 미디어 비평을 취하더라도 그에 더해 새롭게 '전산학적' 영상 비평이나 '신'정치경제학적 분석이 요구되는 까닭이다.

넷플릭스를 독법하기 위해서는 전통의 미디어 '내용(텍스트나 내러티브)' 비평과 함께 미디어 '형식(전산학적 알고리즘 기술 구조와 원리)' 분석이 필요하다. 이것이 이른바 전산학적 영상 비평이 아닐까? 전통의 미디어 텍스트 비평에 머무르지 않고 알고리즘 기술 문화의 맥락 속에서 비평의 차원을 확장하는 시각이 필요하다. 더 나아가, 글로벌 콘텐츠 자본 투자와 플랫폼 제작 방식 등 넷플릭스로 대표되는 새로운 동영상 스트리밍 플랫폼의 국제 정치경제학적 분석도 진지한 연구 주제로 논의되어야 한다.

좋은 시나리오에 대한 과감한 투자 제안이나 작가나 감독의 대중적 명성에 상관없이 능력에 따라 제작 기회를 주는 넷플릭스의 열린 자세는 국내 영상 시장 생태계 혁신이라는 측면에서 긍정적이다. 게다가 넷플릭스는 다국적 제작 방식을 취하면서, 이제까지 시청자들이 경험하지 못한 여러 나라의 다양한 콘텐츠와 이색적인 신세계를 제공하고 있기도 하다. 하지만 넷플릭스의 글로벌 자본 영향력을 고려할 때 가입자 관리 알고리즘의 불투명성, 현저히 낮은 국내 오리지널 제작 편수의 비율, 혐오나 폭력 콘텐츠에서 미성년자의 보호 장치 부재 등은 시급히 해결해야 할 문제이기도 하다.

　　무엇보다 이 거대 온디맨드on-demand(주문형) 플랫폼 영상 서비스 장치에 대한 우리의 의식 전환도 필요하다. 겉으로는 넷플릭스의 플랫폼 형식이 전통적인 영상 미디어 장치처럼 보이기도 하지만, 실제로는 전산학적 알고리즘 계산을 통해 가입자에게 맞춤형 콘텐츠를 제시하는 데이터 자동화 기계장치임을 함께 인지할 필요가 있는 것이다. 그래야 넷플릭스가 우리 사회와 의식에 미치는 신종 정치경제학적 영향력을 온전하게 짚어낼 수 있다.

제

2

장

플랫폼 자본주의와

알고리즘의

야만성

## 공유경제와 임시직 노동

국가 소유의 중앙 집중화된 자산 관리 시스템을 보통 공적 소유, 즉 '공유公有'에 기반해 있다고 말한다. 공유에는 '사 유私有'의 자본주의 시장 질서가 이에 대비되어 언급된다. 이 둘에 덧붙여 '공유共有(커먼즈)'는 특정 자원을 둘러싸고 커 뮤니티 성원 자체가 그들 자신의 자율과 자치 운영을 공동 으로 행하는 소유관계를 의미한다. 이는 자립형 마을공동체 나 부족 문화나 '제3섹터' 경제 모델에서 발견된다.

　　최근 커먼즈 운동은 시민 공동의 소유권, 자율 생산과 공정 배분, 사회적 증여 행위가 그 중심에 있는 '반종획anti-Enclosure' 운동으로 확장 중이다. 즉, 약탈적 자본주의 시장 포획 논리를 벗어나 공동의 호혜적 가치를 세우는 대안 경제 모델로 진화하고 있다.

문제는 그 내포적 의미가 전혀 다른 '공유경제'에서 말하는 '공유sharing'가 우리 사회에서 갖는 혼동스러운 쓰임새다. 신종 플랫폼 시장 모델로서 공유 개념은 단순히 서로 남는 유무형의 자원을 최적화해 중개하고 매칭하는 행위를 뜻한다. 즉, 공유경제는 플랫폼이라는 기술 장치를 통해서 거래되는 유휴 자원의 효율적 관리와 배치에 방점이 찍힌다. 사실상 무늬만 공유일 뿐, 커먼즈 개념에 대비해보면 서로 나누는 행위를 빼고 공동의 협력적 소유나 분배, 더 나아가 사회 증여 효과가 거의 없는 것이 오늘날 공유경제의 실상이다. 이 점에서 '온라인 중개 플랫폼' 경제라는 풀이말이 '공유경제'라는 허세보다 솔직하고 정확하다.

우리에게 이 공유경제가 가시적으로 사회문제가 된 발단에는 플랫폼 자원 배치의 동학動學에 인간 '산노동'이 중요한 거래 품목으로 삽입된다는 사실에 있다. 플랫폼 육체노동이 시장 내 일반 물질 자원의 취급과 흡사해져가는 것이다. 공유경제의 유형 가운데, 노동자의 산노동을 거래하거나 자원 배달에 활용하는 플랫폼 노동 방식은 사실상 '임시직(긱gig) 노동'의 형태를 띠고 있다. 플랫폼 장치의 굴레 안에서 전통의 고용관계가 서비스 계약관계로 바뀌면서, 이들 플랫폼 노동의 지위는 점점 파편화하고 노동 위험과 비용 대부분이 개개인에게 외주화되는 형세다.

많은 사람은 공유경제의 플랫폼 기술에 열광한다. 플랫폼 중개 과정은 데이터, 노동, 집, 자동차, 서비스, 지식 등 누군가의 남아도는 자원을 시장 거래 대상과 품목으로 올려놓고 이것이 필요한 소비자에게 인공지능적으로 매개해주면서 시장 수익을 올리고 효율을 증대함으로써 효과적 자원 관리, 물류 혁신, 유통 혁명을 촉진하고 있다. 게다가 인공지능 알고리즘 예측 기술은 플랫폼을 매개한 장터의 자원들에 대한 유통 효율을 극대화하는 데 크게 기여한다.

　전통 시장에서 사업자와 소비자 사이에 역할이 엄격히 분리된 것과 달리, 공유경제에서는 개별 프리랜서들이 전면에 등장한다. 정확히 이야기하면 이들은 개인사업자이자 소비자 신분이다. 가령, 에어비엔비에 가입하면, 나는 방을 빌려주는 개인사업자일 수도 있고 이용 고객이기도 하다. 공유경제 플랫폼에서는 대개 공급과 소비 역할 교환이 쉽게 이루어진다. 이것이 시장 혁신을 돕는 공유경제의 탄력성이다.

　또 다른 공유경제의 강점은 직접적 '소유' 없이 '접근'과 '사용'만으로 유휴 자원을 효율적으로 쓸 수 있다는 데 있다. 이는 모든 것을 소유해야만 이용권을 획득하던 전통 시장 논리를 넘어서서 누군가 남는 자원(시간, 노동, 서비스, 상품 등)을 빌려주고 빌리면서 시장을 최적화한다. 노동자의 실제 고용 부담이나 설비나 자산 소유라는 큰 위험 부딤 없이도 온라인 중개 플랫폼을 활용해 쉽사리 유휴 자원을 저렴하고 실속 있게 나누는 편리한 세상이 도래하는 것이다.

## "네 것이 다 내 것"

문제는 공유경제가 노동 과정에서 기존의 직장 노동계약을 무너뜨리고 노동자를 개별 사업자(비정규직 프리랜서)로 지위를 바꿔 플랫폼 운영자 혹은 중개인과 새롭게 자유계약을 성사하면서 발생한다. 즉, 플랫폼 노동 과정 중 발생하는 모든 위험과 노동권 관련 쟁점들이 개인사업자에게 외주화되는 반면, 플랫폼 중개인은 이의 책임에서 자유로워지고 더군다나 그에게 이윤이 독점화되는 불평등 구조를 내재하게 된다. 무엇보다 배달, 청소, 돌봄, 임상실험, 감정노동 등 노동을 공유자원으로 삼는 플랫폼 모델에서는 스마트폰 앱 등 알고리즘 기술을 이용해 플랫폼 노동을 관리하고 통제하는 등 일용직·특수고용직 노동자들의 노동 인권을 심각하게 침해하는 양상까지 띠고 있다.

아이러니하게도 공유경제는 경기 상승기보다 침체기에 성장을 거듭했다. 공유경제의 부상은 사실상 자본주의의 만성화된 고용 침체와 임시직 노동자들의 플랫폼 시장 유입이라는 구조적 요인이 서로 잘 맞아떨어지면서 이루어지고 있다. 그러나 이도 시간이 가면서 과열 증상이 식는 추세다. 그 까닭은 공유경제 모델이 노동자 대부분을 비정규직 프리랜서로 평등화하는 '긱경제(임시직 경제)'이자 새로운 형태의 노동 유연화 전략으로 밝혀지면서부터다.

우버나 에어비엔비 등 공유경제 플랫폼들이 전 지구적으로 성장하고 주류 기업이 되는데 반해, 이상하리만치 실질적인 노동이나 자원을 갖고 시장에 참여하는 프리랜서들의 지위는 점점 위태로워진다. "네 것이 다 내 것what's yours is mine"만 있는 플랫폼의 신종 독과점 질서가 드러나고 있다.[8]

겉보기에 플랫폼은 자원의 공유와 교환의 분산성과 평등성을 띠고 있는 듯 보인다. 하지만, 그 이면에서는 플랫폼 이윤의 집중과 독점화가 진행되면서 모순이 응집된다. 즉, 플랫폼 중개인이 수수료 등 이익을 과도하게 취하는 반면, 노동 과정에 참여하는 많은 사람은 전혀 플랫폼에 대한 경영 접근권이나 노동 결사권結社權, 수익의 배분과 관련한 최소 수준의 의사결정권조차 없다.

## 공유경제의 딜레마

동시대 공유경제가 우리의 삶을 윤택하게 할지 아니면 시장 약탈의 또 다른 변형인지에 대한 판단을 좀더 분명히 하기 위해 우리 사회가 시급히 개입할 사안 몇 가지만 짚어보자. 첫째, 지배적 플랫폼 중개인 대 만인萬人 프리랜서라는 새롭게 출현한 노동 공식에 대한 면밀한 사회적 대응이 필요하다. 사업자와 노동자의 전통적인 노동 계약관계를 허물면서도 노동의 질을 악화하는 신생 노동 현장에 대한 구체적 실태 조사와 대비책이 없다면, 플랫폼에 매달린 프리랜서들의 삶은 지금보다 위태로워질 확률이 높다.

둘째, 플랫폼 소유와 분배의 승자독식에 대한 문제 제기도 시급하다. 오늘날 플랫폼 프리랜서들의 활동과 성과가 기하급수적으로 늘어나는 것에 반해, 플랫폼 소유와 통제는 단일의 중개인에게 몰리는 모순관계를 띠고 있다. 이를 어느 정도 개선해야 한다. 플랫폼 경영, 소유, 분배, 피드백 등 거의 모든 것이 독점적인 구조를 개선해 실질적인 '공유' 모델로 정착시켜야 한다. 공유경제의 사활은 시장 플랫폼의 좀더 정상적 운영과 이익의 공정 배분에 달려 있다.

셋째, 공유경제를 실제 떠받치는 가상의 공장기계인 데이터 알고리즘 테크놀로지의 투명성 문제도 중요하다. 데이터 알고리즘은 플랫폼 혁신과 효율을 위해 주로 존재하지만, 플랫폼 노동 통제에 악용될 소지도 크다. 자동화된 스마트 앱을 통해 노동을 유연화하거나 고객과 노동자의 사적 정보들을 관리하는 알고리즘 분석 시스템은 노동권과 배치되는 경우가 흔하다. 게다가 일반인이 인지하기 어려운 경우가 많다. 개입이 어려운 대목이지만, 플랫폼 내 자동화 기술 수위나 정도는 미래 노동권 방어와 관련해 중요한 쟁점이 될 것이다.

넷째, 공유경제는 무엇보다 자본시장 바깥이나 변경에 머물던 유무형 자원들에 시장 강렬도를 더욱 깊게 각인하는 과정이기도 하다. 예컨대, 공유경제는 우리 이웃과 친구와 함께하던 식사, 잠자리, 카풀, 자투리 일손 돕기, 여름 농촌활동 등 상호부조의 거의 모든 호혜적 가치를 시장 논리로 흡수하고 있다. 시장과 화폐의 교환 없이도 잘 유지될 수 있었던 일상 문화나 상생의 덕목들을 거의 남김없이 플랫폼에 예속시키는 일종의 '식신食神' 경제에 가까워져간다. 향후 커뮤니티 공유의 미덕이 오로지 공유경제를 통해서만 이야기되는 우울한 미래를 경계해야 한다.

플랫폼 노동의 문제는 산 넘어 산일 듯싶다. 왜냐하면 논쟁의 지형이 운전, 심부름, 청소, 돌봄, 감정노동, 임상실험, 잡일 등 온라인 플랫폼에 자신의 산노동을 직접 내다 팔거나 플랫폼에서 거래되는 음식이나 물건 등 시장 품목들을 실어 나르는 배달라이더 노동에 걸쳐 점점 확대될 공산이 크기 때문이다. 더군다나 플랫폼 노동의 범위를 조금만 더 넓게 잡으면 우리의 비물질 플랫폼 활동이나 데이터 노동까지도 포괄한다.

유튜브와 페이스북 등 온라인 플랫폼에서 우리가 일상에서 매일같이 자발적으로 행하는 무수한 콘텐츠 활동이나 감정 소모 행위까지 노동의 영역으로 고려한다면, 오늘날 플랫폼 노동은 거의 모든 인간 활동 영역을 아우른다. 결국 플랫폼 노동은 단순히 노동의 일 형태보다는 점차 우리의 일반화된 삶의 조건이 되고 있다는 점에서 사회적으로 관심을 갖고 지켜봐야 한다.

# 플랫폼 노동을
# 어떻게 볼 것인가?

## 플랫폼 노동의 탄생

공유경제가 편리성과 효율성이라는 플랫폼 테크놀로지의 장점을 활용하면서도, 현실적으로 수많은 사회적 딜레마 상황을 유발하고 있다. 당연히 이와 연관해 공유경제, 특히 온라인 중개 플랫폼 문제에 대한 논쟁이 뜨겁다. 이를테면, 신생 플랫폼 노동과 배달 시장의 성장 기대감과 함께 전통적 고용관계를 전면 해체한다는 우려감이 동시에 교차하고 있다. 흥미롭게도 마찰과 진통은 관련 업계 내부에서 시작했지만, 정부 관료·정치인·노동계 인사·교수·전문가·기자·시민 활동가 등이 한마디씩 거들면서 점점 사회적으로 가열되는 분위기다.

안타깝게도 플랫폼 노동 지형은 같은 사안을 관찰하면서도 관련 시장 행위자는 물론이고 이를 참관하는 이들조차 서로 다른 생각과 주장으로 부딪치는 형국이다. 그렇다면 플랫폼 노동을 바라보는 우리 안의 시각차를 몇 가지 범주로 변별해보자. 그리 유쾌한 방식은 아니지만, 현재 표류하는 플랫폼 노동의 매듭을 풀기 위한 하나의 부표 정도로 삼았으면 좋겠다. 아마도 이와 같은 지형 구분은 대부분의 다른 신기술을 논의하더라도 유사한 모양새를 보일 듯싶긴 하다.

한국 사회의 승차 플랫폼 노동시장은 택시-카풀 업계 논쟁으로 시작해 이제 '타다' 등이 시장에 합류하고 부침을 겪으면서 지형이 더욱 복잡해졌다. 배달라이더 노동시장에서는 노동의 파편화나 위험의 외주화에 맞서 4대 보험과 산업재해 처리, 노동 결사권 등이 중요 쟁점으로 떠오르고 있다. 이를 두고 여러 주장과 의견이 분분한데, 이를테면 기술혁신론(정부·관료 불신론), 신기술 대세론, 플랫폼 노동 비판론 등이 서로 맞붙거나 혼재하는 양상이다. 이들 주장의 면면에 대해서 좀더 자세히 살펴보자.

## 플랫폼 노동을 바라보는 3가지 시선

첫 번째는 '기술혁신론'적 입장이 눈에 띈다. 이는 소위 '정부·관료 불신론'과 다를 바 없다. 기술혁신론자나 스타트업 등 승차 플랫폼 시장에 직간접적으로 관여하는 시장 행위자들이 이에 해당한다. 카풀 서비스 도입 과정에서 정부가 중재하는 사회적 대타협의 지지부진함이 이들의 정부 불신을 더 키웠다. 정부·관료 불신론은 2019년 유력 플랫폼 업체 대표와 한 정부 관료의 미묘한 대립 구도(기술혁신 대 시장규제)에서도 불거졌던 것처럼, 역사적으로 보면 뿌리 깊다.

대체로 이는 IT업계 내부에 켜켜이 쌓여 생긴 정부의 관료주의적 정책 행위에 대한 무의식적 반감이나 불신에서 비롯한다. 닷컴기업들이 보는 정부의 역할은 대개 멀찍이서 신기술 도입이나 플랫폼 시장 안착을 지원하거나 예전의 규제 법안들을 거두고 제거하는 일에 있다. 공무원들의 매너리즘에 빠진 정책 결정이 이제까지 플랫폼 시장 혁신에 별 도움이 되지 않았다는 혁신론자들의 내부 반감이 작용하고 있다.

혁신론자들은 실리콘밸리 자유주의 문화의 세례를 받으며, 구습의 재벌 체제와 달리 기술혁신의 개방성이나 효율성의 논리를 우리 시장 안에 가져와 나름 안착시켜왔다고 할 수 있다. 문제는 우리 사회의 흔한 기술 신화이기도 한데, 닷컴기업들이 기술혁신을 사회 혁신과 자주 혼동하는 데 있다. 플랫폼 기술이 주는 효율의 논리가 사회발전으로 이어지는 양 오인하면서, 그들 스스로 사회 개혁과 혁신의 기수로 착각하는 경우가 흔하다.

또 다르게는 이들이 플랫폼 노동을 그저 플랫폼의 여러 거래 자원 중 하나로 보다 보니, 기술 효율성 논리가 노동

폭거의 부메랑이 되는 것을 그리 심각하게 여기지 않는다. 택시 기사들의 분신을 "죽음을 정치화한다"고 바라보는 발상은 이런 빗나간 가정에서만 가능하다. 혁신론자들은 기술공학적 사고가 빠른 반면에, 공생의 사회적 감수성에 무딘 듯하다. 결국 혁신론자들에게 인간 노동은 기계적 효용성의 근거로서만 의미를 지닌다.

두 번째로 눈여겨볼 수 있는 시각은 '신기술 대세론'이다. 대다수 정부 관료나 주요 통신사업자, 일반 대기업이나 관련 연구자, 일부 혁신론자들의 의식 속에서 폭넓게 자리하고 있다. 신기술 대세론은 이제까지 우리의 경제성장을 이끌었던 발전주의 이데올로기와 한몸이 되어 누구나 이 논리를 쉽게 거스를 수 없게 버티고 있는 형세다. 어쩌면 이는 대부분 우리에게 체화된 관점일 수도 있겠다.

신기술 대세론에서 보면 인간 노동은 어차피 '제4차 산업혁명'이나 인공지능 '자동화'라는 당위적 기술 명제 앞에 놓인 처치 곤란한 자원이다. 이런 논리 아래에서는 전통적 직업의 소멸이나 대량 해고나 기술 실업은 감내해야 할 사회적 진통이자 순리다. 신기술 대세론에는 성장과 발전을 위해 산노동의 일부 희생은 불가피한 것이고, 이를 잘 넘겨야 새로운 첨단 경제 단계로 도약하고 글로벌 시장에서 생존할 수 있다는 경쟁 위기의 수사학이 작동한다.

현재 플랫폼 경제 방향이 대세라는 주장은 과거에도 큼지막한 기술혁신을 통해 전통 산업 노농자들의 일자리 저항에 우리 사회가 의연하게 대처했다는 그릇된 유사 경험들에 기반한다. 기본적으로 이는 신기술을 중립적이고 사회에 좋은 상수값으로 두고, 성장과 발전주의적 미래를 계속해 욕망하는 문제를 안고 있다.

신기술 대세론에서는 과연 우리에게 적정하고 사회적으로 삶을 풍요롭게 하는 기술의 적용이 무엇이어야 하는지에 대한 근본 물음을 빠뜨리고 있다. '회복력'과 '탈성장' 등 인류 공동선을 향한 과학기술의 재조정이 화두가 되는 오늘날에, 약탈적인 플랫폼의 논리를 수동적으로 받아들이고 다른 대안의 경로를 아예 찾지 않는 숙명론의 자세는 노예와 같은 무력감처럼 비춰진다.

세 번째로, 앞서 둘의 시각에 맞서 대치하고 있는 '플랫폼 노동 비판론'이다. 플랫폼 배달과 택시업계, 노동운동가, 노동 인권 연구자, 노동 전문기자 등이 이에 속한다. 이들이 보는 플랫폼 노동의 근본 문제는 인간 산노동을 거래하는 신종 '인간시장' 논리에 있다. 이미 배달라이더 등 특수고용 형태의 위태로운 노동 현실이 이를 증거한다고 본다.

플랫폼 노동 비판론자들은 기존의 고용관계를 해체하는 새로운 독립 사업자로서 노동자 지위를 비정상적으로 보고, 이들의 '노동자성'을 신기술 영역에서도 확보하고자 한다. 플랫폼 승자독식의 이윤 논리나 효율성 논리에 맞서서 위험의 외주화나 노동의 파편화 등에 대한 노동권 보호 장치를 마련해야 한다는 입장을 견지한다.

다만 플랫폼 노동 비판론자들에게서 플랫폼 관련 기술 논리에 대한 이해 부족이나 무관심이 꽤 발견된다는 점은 흥미롭다. 현재 노동문화와 노동 방식의 전환이 플랫폼 테크놀로지 논리의 후광 효과라고 본다면, 사실상 신기술에 대한 천착이 필요한데도 말이다. 오히려 기존 비정규직이나 특수고용직의 노동기본권 보호라는 인식의 연장에서 관련 대책을 살피려는 방어적 입장만이 우세하다. 중개 플랫폼들이 왜 국내에서 빠르게 성장세를 보이고 노동을 위협하는지의 문제는 플랫폼 알고리즘 기술을 통한 이윤 수취와 노동 관리 방식을 따져 묻는 과정 없이는 완전히 이해하기 어렵다.

그러다 보니 플랫폼 노동 비판론자들의 논의에서 중개 플랫폼의 기술 체제를 어떻게 지금과 다른 민주주의적 가치가 기입된 기술 코드로 용도 변경할 것인지에 대한 대안적 논의는 사실상 부차적이거나 아예 언급이 되지 않는다. 플랫폼 기술과 공유경제의 퇴행적 속성을 벗어나려는 구체적 방법론을 마련하기 위해서는 현재 지배적인 중개 플랫폼 테크놀로지의 노동 억압적 속성을 파악하고 이를 둘러싼 이해 당사자들이 기술민주주의적 대안의 여러 갈래를 찾는 현실주의적 접근이 필요하다.

## 사회 포용적 플랫폼 기술혁신

앞서 세 논의의 문제 상황을 넘어서기 위해서나 새로운 플랫폼 시장 변화 속에서 우리 사회가 견지해야 할 최소한의 덕목을 세우기 위해서, '포용적 기술혁신론'을 제시하고 싶다. 이는 플랫폼 신기술의 효율성을 흡수하면서도 사회적으로 보장되는 약자들에 대한 포용론의 시각이다.

포용적 기술혁신의 관점은 이제 우리가 노동 인권과 기술혁신 양자를 공히 상보적 관계로 보는 의식 전환적 태도를 강조한다. 새로운 플랫폼 시장 변화 속에서 견지해야 할 최소한의 사회 덕목이 플랫폼 신기술의 효율적 측면을 긍정적으로 흡수하면서도 보장되는 사회적 약자 포용론이어야 한다. 이에 대한 기본 전제나 합의 없이는 플랫폼 경제는 향후 시민사회의 적대敵對가 될 공산이 크다.

첫째, 포용적 기술혁신론은 플랫폼에 편입된 산노동의 빠른 확산에 대비해 최소한의 노동 인권 보호를 선결 의제로 삼아야 한다. 이 점에서 플랫폼 노동 비판론과 동일하다. 시장 도구적 합리성의 욕망을 잠시 가라앉히고, 노동법의 사각지대에 놓인 플랫폼 노동의 사회적 안전망 구축과 인간 노동의 존엄성을 제고하자는 것이다.

더 나아가, 플랫폼 노동자에게 노동기본권을 보장하는 방도를 모색하면서도, 플랫폼 기술의 효율성을 사회 포용적으로 적정 수용하는 길을 보완적으로 고민하자는 제안을 하고 싶다. 사회 보편의 노동 인권 보장은 물론이고 알고리즘 기술의 플랫폼 노동 적용 방식이나 범위도 범사회적 감독 아래 최소 기술설계의 기준점을 마련해야 한다. 조금 더디

게 가더라도 사회의 공동선을 찾기 위해서, 중앙정부나 지
방자치단체(지자체)가 좀더 서로 다른 플랫폼 이해당사자들
의 중재역을 끈질기게 시도해야 한다.

플랫폼 사업자들의 선제적 인식 전환 없이는 포용적
기술혁신은 공염불일 수 있다. 무엇보다 노동의 안전이나
시장 책임과 무관한 듯 여겨지는 플랫폼 사업 관련 이해당
사자들, 즉 중개 플랫폼 업체, 배달 주문업체, 마켓식품 유통
업체, 배달 대행업체 등이 플랫폼 노동권 보호와 안정화를
도모하려는 공동의 책임 의식을 나누어 가질 필요가 있다.
이들은 의도했건 아니건 사회적으로 노동의 질 악화와 파편
화에 직간접적으로 관여하고 있다. 그들 스스로 고용 책임
을 분담하려는 상생의 자구 노력이 필요하다.

더불어 신생 플랫폼 기업들에 대한 비즈니스 규제책도
시급히 마련되어야 한다. 노동기본권에 대한 고려 없이 처
음부터 오로지 창업을 위해 플랫폼 업체를 세워 임시직 노
동자들과 계약을 맺으면서 여러 노동권 침해 문제가 발생
하고 있기에 그러하다. 적어도 스타트업들이 노동윤리에 대
한 사전 검토 없이 마구잡이로 산노동을 매개로 하는 플랫
폼 사업체를 신설하는 행위에 대한 완급 조절이 필요하다.
게다가 배달 노동 등 플랫폼 업체들에 대한 독일 등 해외 글
로벌 자본 인수와 해외 거대 사모펀드의 투자 경향은 장차
노동 인권 문제를 국내 행위자들의 규제나 논의로 한정하기
어렵게 만들 확률이 높다.

　　사회 포용적 기술혁신론의 입장에시 보자면, 플랫폼 노동자들의 인권 보호를 최우선으로 삼는다는 기본적인 사회 합의가 필요하다. 현재 플랫폼 노동의 위기 상황은 사회적으로 무엇을 최우선 가치로 삼아야 하는지에 대한 논의가 실종되면서 나타난 시장 이해 갈등의 각축전이라는 점에서 문제가 크다. 배달라이더, 운전기사, 돌봄·청소 노동자, 퀵서비스 노동자 등 취약한 플랫폼 노동자의 생존권과 노동권을 보장하는 안전판 마련이 시급하다. 플랫폼 노동을 동시대 '고용 유연화'의 새로운 단계로 본다면, 노동권 보호가 시장 혁신보다 앞서야 한다.

　　둘째, 플랫폼 경제의 주 고객층이자 이용자인 시민 목소리의 실종 상황을 회복하는 일도 필요하다. 플랫폼 노동의 존재 근거는 고객 소비의 편의성을 보장한다는 것인데, 이와 상충하는 노동 생존권 문제를 사회적으로 돌파해낼 수 없다면 플랫폼 노동의 질 개선, 상생, 포용 성장은 어려울 수 있다.

　　공식적으로 배달 노동을 일주일 동안 24시간 풀가동하는 새벽 배송 혹은 샛별 배송이 소비 편의로 각광받고, 택시 서비스 노동의 불친절과 승차 거부 등이 택시업계의 고질병처럼 문제 제기되는 한, 현재 플랫폼 노동기본권이나 생존권 문제는 사회적인 보편성을 획득하기 쉽지 않다. 무엇보다 플랫폼 노동권에 대한 시민들의 폭넓은 이해와 설득이 필요하기에 더 그러하다. '타다' 등이 불법 영업이라는 논란이 일다 사업을 접었지만(타다는 2020년 3월 여객자동차 운수사업법 개정안[일명 타다금지법]이 국회 본회의를 통과하면서 2020년 4월 서비스를 종료했다), '친절 서비스'와 '자동 배차'로 급성장했다는 점을 우리가 분명히 직시할 필요가 있다.

셋째, 플랫폼 기술혁신의 적정성 점검이 필요하다. 현재 플랫폼 기술 도입이나 혁신의 잠재력이 과연 우리 사회 내에서 포용성이라는 꼴값을 갖추고 있는지 따져 물어야 한다. 산노동의 질을 악화하는 신기술을 그저 혁신이라 우기기는 어려운 까닭이다. 더디 가더라도 노동권의 존엄성이 공존할 수 있도록 합당하고 적정한 수준에서 기술 효율성의 안착을 독려해야 할 것이다. 이와 함께 플랫폼 노동 강도를 스마트폰 앱 등을 매개해 자동화하는 알고리즘 기술 통제의 적정 수준까지도 사회적으로 통제하고 따져 물어야 한다.

넷째, 정부·서울시·경기도 등 지자체의 중재 역할은 여전히 중요하다. 가령, 카풀 문제에서 보여주었던 '사회적 대타협'류의 형식 모델로는 한계가 있다. '대타협'이라는 시도 자체는 좋았으나 범사회적 신뢰 모델로까지 나아가지 못했기 때문이다. 적어도 사회적 논의 테이블에 시민 대표는 기본으로 하면서도, 그 자리에 소외된 이해당사자들을 포함해 좀더 포괄적 시민회의 테이블을 구성해야 할 것이다. 이는 지금 카풀 이슈뿐만 아니라 앞으로 사회적 파장이 큰 다른 플랫폼 노동이나 노동 자동화 문제에서도 마찬가지다. 어렵겠지만 정부는 대량 기술 실업과 위태로운 노동을 야기

할 수 있는 주요 사안들에 중재력과 안전망을 이끌어낼 사
회 협의체를 끈질기게 내와야 한다.

　다섯째, 관련 노동법이나 정책 입안을 통해 사회적 타
자에 대한 안전판을 마련하는 것과 함께 우리 사회가 중장
기적으로 플랫폼 임시직 경제를 넘어설 사회 대안이나 전망
까지 모색해야 한다. 오늘날 플랫폼 경제는 정도 차이는 있
더라도 사회 각 분야에서 활동하는 시민들의 물질과 비물질
(데이터) 노동을 변변한 보상이나 사회적 공유 가치 확산 없
이 대부분 '지대地代' 방식으로 수취하는 사적 이윤 모델에
기대고 있다.

　플랫폼 노동의 가치가 구성원에게 재분배되고 사회적
으로 증여되는 상생과 호혜의 플랫폼 대안 구성을 논의할
때다. 이제는 플랫폼 경제의 수정 모델 제시가 되었건 새로
운 대안의 모색이 되었건 실질적인 플랫폼 노동의 혁신적
실천 방향을 다잡아야 한다. 제도 안팎의 상상력과 실험이
필요하다.

## 플랫폼 노동자들의 결사체

플랫폼 노동을 둘러싸고 작지만 의미 있는 징후가 하나둘
나타나기 시작한다. 먼저 서울개인택시조합이 자체 플랫폼
앱을 만들어 서비스를 개선하겠다는 소식이다. 노동 플랫폼
을 스타트업이 아닌 노동자들의 필요에 의해 개발할 수 있

다면 그것이 가장 최적의 기술 모델이라 볼 수 있다. 다만 플랫폼 기술개발과 지원을 위해 외부에 플랫폼 앱 제작 위탁을 주더라도, 조합은 수시로 플랫폼 장치에 노동권 보장과 민주적 소통 문제를 끈질기게 반영하도록 해야 한다.

또 다른 문제로는 플랫폼 앱을 만든다고 해도 서비스 질 개선으로 함께 연결되지 않고는 이를 이용하는 시민들의 광범위한 지지를 확보하기 어렵다. 서울개인택시조합의 새 플랫폼 개시와 함께 뭔가 승차 고객 서비스에 변화가 일어나고 있다는 것을 시민들에게 분명히 보여주어야 한다.

하나 더 주목할 것은 2019년 5월 1일 노동절을 맞아 플랫폼 배달 노동자들이 '라이더유니온'을 설립한 사실이다. 이 새로운 형태의 플랫폼 배달 노동자들의 결사체 구성은 플랫폼 노동조합의 존재감을 우리 사회에 알린 계기가 되었다. 어려운 일을 해냈다. 그 여세를 몰아 이들은 배달 대행사인 '배달은형제들'과 최초 '비노사' 교섭을 벌여 노동권 확대라는 성과를 얻어내기도 했다.

라이더유니온은 플랫폼 노동에서 불가능할 것 같았던 노동 교섭권이 가능할 수 있다는 사실을 우리에게 확인해주고 있다. 더 나아가 이는 배달라이더·가맹 사업체·배달 대행사는 물론이고, 플랫폼 중개업자까지 포함하는 다양한 시장 상생 모델이 실험 가능하다는 점을 징후적으로 보여주고 있다.

물론 이 긍정적 신호늘에도 현재 플랫폼 상생 모델의

구성 자체가 상대에 대한 선의나 배려에 의탁하는, 매우 깨지기 쉬운 계약관계라는 점에서 여전히 맹점을 지니고 있다. 즉, 사회적 합의 자체가 택시 사업자·플랫폼 중개업자·배달 노동 대리업자 등의 시장 지분 양보, 기업윤리와 책임, 시장 공정성 게임 등 주로 시장 윤리적 호소에 의지한다는 점에서 취약하다. 좀더 구조화된 플랫폼 상생 모델을 구축하려면, 아예 관련 이해당사자들이 노동 자원을 공동자산화하는 '플랫폼 협동조합'이나 '커먼즈' 조직 모델을 구축하는 방법도 추동할 필요가 있다(현재 서구에서는 플랫폼 조합원 사이 이윤의 재분배와 증여, 경영 참여 등에 대한 논의가 활발하게 진행되고 있다).

앞서의 '포용적 기술혁신론'이 위태로운 노동을 막기 위한 플랫폼 시장 내 변화 모색이라면, 플랫폼 '대안 설계론'은 우리 실정에 맞는 구조적 플랫폼 모델 구축을 위한 중장기 사회적 의제쯤 될 것이다. 2019년 6월 한국고용정보원의 추정치에 따르면, 국내 플랫폼 노동자가 53만 명 정도에 이른다. 전체 취업자의 2퍼센트 수준이지만, 성장 추세를 고려하면 그리 적은 숫자가 아니다. 현재는 코로나19 상황과 맞물려 일자리를 잃은 수많은 노동자가 자연스레 플랫폼 배달 노동으로 흡수될 공산이 크다.

게다가 데이터와 콘텐츠 제작과 유통 활동에 전념하는, 이른바 플랫폼 노동의 비물질적 노동인구까지 따지면 그 숫자를 가늠하기조차 어렵다. 거의 모든 물질·비물질 자원과 노동을 중개하는 플랫폼 자본주의가 압도하는 현실에서, 상호 공생할 수 있는 새로운 비약탈적 '나눔'의 사회경제 모델을 실험하고 설계하려는 범사회적 논의는 그래서 더욱 필요하다.

사회적으로 노동과 기술 인권 문제를 집중해 다루는 것을 논점의 분화나 성장 지체로 여기지 말고, 이를 새로운 상생의 가치를 탄생시키는 기폭제로 삼아야 한다. 좀더 폭넓고 현실 비판적 논의가 여럿 점화되어 주류 플랫폼 질서와 다른 급진적 기술 기획을 자극해야 한다. 물론 그것은 호혜와 상생의 덕목을 기본 규칙으로 삼을 때 백분 효과가 발휘될 것이다.

# 플랫폼 협동조합을
# 어떻게 만들 것인가?

## 시간에 쫓기는 타임푸어

우리는 대개 기술이 혁신의 물질적 전제조건일 뿐 충분조건
이 아니라는 사실을 종종 잊는다. 기술은 무엇이건 간에 그
것의 소용이 닿는 사회와 문화가 생긴 모양에 따라 그 쓰임
과 꼴값이 달라지기 마련이다. 따져보면 '혁신 성장'이란 것
도 공정한 시장의 구축 없이 기술혁신에만 마냥 매달리면
신기루가 될 공산이 크다. 혁신의 상징처럼 굴었던 공유경
제의 플랫폼 테크놀로지도 예외가 아니다. 이것도 현실 사
회의 논리 안에서 구성된다.

　　공유경제는 플랫폼 기술을 매개로 노동과 재화 등 유
휴 자원을 필요한 이들에게 효율적으로 연결하는 행위를 기

반으로 한 경제 유형이다. 이것도 나름 혁신을 내장하고 있는 용어다. 대표 국제 선수들로는 우버(운전), 아마존 메커니컬 터크Amazon Mechanical Turk(크라우드 노동), 태스크래빗(가사, 심부름), 딜리버루Deliveroo(음식 배달) 등이 꼽히고 있다. 문제는 이들 글로벌 공유 플랫폼이 대체로 사모펀드나 벤처캐피털에서 거액의 투자를 받아 경쟁업체들을 무차별 흡수하고 높은 중개수수료를 부당하게 취하며 고도의 알고리즘 기술을 통해 노동 통제력을 구사하는 등 그 혁신의 끝이 뭔지 크게 의심받는 데 있다.

무엇보다 플랫폼 중개인들은 효율과 편리를 담보로 기존 고용관계와 노동기본권을 거의 파괴하면서 여론 비판의 한가운데에 서 있다. 다시 말해 오늘날 공유경제는 플랫폼 기술을 경영의 핵심 방식으로 삼아 자원을 효율적으로 배치하는 능력 말고는 노동 인권, 이익 배분, 소유권, 의사결정 구조 등 대부분의 민감한 질문에 침묵하고 있다.

공유경제는 국내 노동환경에서 더 치명적이다. 소비자들은 빅데이터 알고리즘 분석의 예측력과 새벽 배송의 신속성에 기댄 온라인 식료품 주문에 익숙해져 있다. 시간과 장소를 불문하고 음식을 시켜 먹을 수 있는 배달 앱 문화도 흔한 일상이 되었다. '타임푸어'적 삶이 보통이 되면서 우리 스스로 편리한 퀵서비스 배달과 온라인 소비 패턴에 쉽게 적응해가는 것이다. 반면에 우리는 흥행하는 스마트 앱들 저 너머에서 그림자 노동을 수행하는 수많은 배날 내행 플랫폼 그물에 걸린 생물학적 존재 자체에 거의 무심하다.

## 불로소득자와 빈곤 임금

'오투오'라 불리는 한국형 공유경제 기업들, 특히 노동을 중개하는 플랫폼 업체들의 노동 인권 문제가 점점 심각해진다. 노동을 제공하는 대부분의 특수고용직 노동자들이 법률상 '개인사업자'로 분류되면서 노동기본권조차 보호받지 못하는 처지에 놓여 있다. 플랫폼 노동이 개별 사업자 지위로 이루어지면서 중개인의 책임은 사라지는 대신 대부분의 업무상 과실이나 비용 발생 부담을 프리랜서 스스로 지게 되는 구조악이 만들어졌다.

　　노동조건이 악화되었지만 플랫폼 기업은 배달 대행은 물론이고 알바, 운전, 임상실험, 돌봄, 청소, 가사, 감정노동, 단기계약 잡일 인력 중개 등 동일 혹은 이종異種 영역에서 무한 확장하고 있다. 미숙련 예비 노동 자원을 마음 놓고 활용할 수 있는 불안정한 노동시장 조건이 이를 더 부채질하고 있는 것이다.

　　영국의 경제학자인 가이 스탠딩Guy Standing의 『불로소득 자본주의』에서 펼쳐진 논의처럼, 오늘날 플랫폼 중개인들은 빈부 소득격차를 더 벌리는 신생 '불로소득자'로 성장하고 있다.[9] 가령 우버는 공장 하나 없이 노동자들의 차량 공유만으로 현대자동차 기업 가치의 6배에 이르는 부를 쌓고 있다. 영국 음식 배달 플랫폼 딜리버루는 자신이 운영하는 식당 없이도 영국의 최대 푸드 체인점에 맞먹는 기업 가치를 만들었고, 최근에 대규모 기업 손실에도 창업주와 이사들은 월급 인상과 보너스 잔치를 벌였다. 그러면서도 이들은 자신의 글로벌 플랫폼 노동자들에게 정말 생을 연명할 만큼의 '빈곤 임금'만을 지급하고 있다.

한국은 오랫동안 국제노동기구ILO의 요구조차 수용하지 못할 정도로 정부가 특수고용직 노동자들을 외면해왔다. 공유경제 플랫폼 시장을 통해 기하급수적으로 생성되는 프리랜서 노동자들의 피폐한 상태를 마주하면서, 우리 정부도 무관심의 태도로 버티기는 더는 어려울 듯싶다. 무엇보다 임시직 노동자들의 움직임이 심상치 않다. 국내외 플랫폼 노동 저항이 거세다. 전통적 노동계약의 붕괴, 알고리즘 기술 노동 통제, 저임금 장시간 노동, 추가 근무수당이나 4대 보험 미적용, 수시 계약해지(해고) 통보, 노동자 지위의 불인정 등 공유경제의 비상식들이 거듭되면서 글로벌 플랫폼 노동자들이 저항의 목소리를 내고 있다.

전통의 직장 고용관계를 완전히 해체하는 신종 플랫폼 노동 질서 앞에서 노동 저항 외에 다른 방도는 없을까? 일단 플랫폼 노동자들의 열악한 근무 조건과 기술 통제를 개선할 최소한의 방어막과 노동권 보호가 전제되어야 함은 물론이다. 동시에 정부는 인간 육체노동을 비즈니스 중개 자원으로 삼으려는 신규 플랫폼 스타트업의 사업 진출과 비즈니스

요건을 좀더 까다롭게 규제하고 감독해야 한다. 장기적으로는, 플랫폼들의 노동 자원 독점과 노동권 위협에 대응해 공동 생산과 협력 관계를 지향하는 대안 실험들에 사회적 지원책을 마련해야 한다.

## 조합원의 공동선을 추구하는 사회적 연대

주류 노동 플랫폼의 억압적 속성을 바꾸려는 집단 저항과 함께, 미국과 유럽을 중심으로 공유경제에 대항한 플랫폼을 아예 직접 구축하려는 플랫폼 노동자들의 자율적 흐름이 감지된다. '플랫폼 협동주의platform cooperativism'는 플랫폼 노동 참여자들의 공동 자산 운영과 이익의 평등한 재분배 방식을 고민하는 대표격 슬로건이 되고 있다. 뉴욕 뉴스쿨대학 교수 트레버 숄츠Trevor Scholz와 콜로라도대학 교수 네이선 슈나이더Nathan Schneider가 주축이 되어 만든 '플랫폼 협동조합 컨소시엄'은 플랫폼 협동주의의 국제 추이를 확인할 수 있는 중요한 근거지가 되고 있다.

　현재 이 컨소시엄에는 북미와 유럽, 호주를 중심으로 전 세계 280여 개 협력 플랫폼 협동조합이 등재되어 있다. 이들이 원하는 단 하나의 목표는 플랫폼을 매개로 한 자율적 결사체의 구성과 이를 통한 '공생공락conviviality'의 가치 확산이다(공생공락은 이반 일리치Ivan Illich의 중요한 용어법이자 자율 공동체 덕목이기도 하다).[10]

플랫폼 협동조합에는 이제까지 불로소득을 취하던 중
개인의 역할이 사라진다. 이는 주주로 이루어진 일반 기업
과 달리 조합원의 공동선을 추구하는 사회적 연대 경제 모
델을 지향한다. 그 구조는 전통적인 협동조합의 특징을 가
져오되 동시대 기술 변동 상황을 반영해 플랫폼 알고리즘
기술을 적극적으로 조직의 소통 과정에 반영한다. 내적으로
조합원들의 공동 소유권과 민주적 의사결정과 참여를 진작
하는 평등주의적 조직문화를 선호한다.

숄츠는 플랫폼 협동조합 전략의 핵심을 크게 3가지로
보고 있다.[11] 우버 등 주류 플랫폼 시장의 핵심 기술을 거울
복제할 것, 플랫폼 알고리즘과 소유 구조를 독식과 통제가
아닌 조합원 공동의 유대 관계 아래 둘 것, 혁신과 효율의 가
치를 소수 중개인의 이윤 독점으로 가져가는 대신 모든 참
여 구성원에게 골고루 혜택이 돌아갈 수 있도록 재배치할
것 등이다. 현실적으로 이것이 성취 가능하다면 이윤 추구
형 플랫폼 시장에 가장 유력한 적수가 될 만한 구상이다.

구체적으로 플랫폼 협동조합은 조합원들의 공동 소유
를 통한 이윤의 재분배, 보상 시스템의 합리적 구축, 조합원
간 의사결정의 민주적 거버넌스 체제와 책임, 플랫폼 생성
데이터와 배달 노동 알고리즘 업무의 투명성, 생산자와 소
비자의 상호 연대 가능성 등 호혜의 노동문화에 기초한다는
점에서 매력적이다.

물론 협동조합 실험이 매번 순탄하게 작동힐 리 만무

하다. 예컨대 장기적으로 플랫폼 노동조합에 대한 투자 조건을 어떻게 마련할 것인가, 주류 플랫폼 시장 기술에 필적할 만한 알고리즘 기술 도입의 여력이 있는가, 플랫폼 조합원의 일탈 행위나 외부 침입에 대한 대응 매뉴얼은 과연 존재하는가 등 운영상 난관들이 있을 수 있다. 그렇지만 플랫폼 협동조합 실험이 미칠 파생 효과는 그리 작지 않아 보인다. 첨단 알고리즘의 차디찬 디지털 경제에서도 노동을 적대하지 않고 협력하며 공생할 수 있는 시장 생태계 구축이 실제 가능하다는 점을 보여주고 있기 때문이다.

아직은 플랫폼 협동조합 운동이 무르익지는 않았다. 서서히 아래에서부터 증가하는 추세다. 폴란드 경제학자 얀 지그문토프스키Jan J. Zygmuntowski의 논문[12]이나 영국 협동조합연합Cooperatives UK의 2019년 2월의 보고서[13]를 들여다보면, 적어도 플랫폼 노동조합 운동에 굵고 선명한 흐름이 발견된다. 우선 특수고용직 노동자들이 직접 운영하고 소유하는 노동 중개 플랫폼 협동조합 유형이 늘고 있다.

가령 미국 뉴욕의 업앤드고Up&Go(돌봄과 청소 노동)나 독일의 페어몬도Fairmondo(공정무역과 유통)가 대표적이다. 대도시 소유의 플랫폼 협동조합 유형도 활발히 움직인다. 시 소유의 유휴 공간이나 대중교통 수단과 같은 공공자원을 시민사회에 임대하는 모델로, 네덜란드 암스테르담에 있는 공유도시연합Sharing Cities Alliance의 활동을 꼽을 수 있다.

생산자와 소비자 공동 소유의 플랫폼 노동조합 유형도

주목할 만하다. 독일 베를린에 있는 레조네이트Resonate(인디 음원 유통)와 캐나다의 스톡시Stocksy(사진 유통)는 콘텐츠 생산자 연합과 이를 소비하는 고객 집단의 신뢰 연결에 초점을 둔다. 그리고 기존 노동자들의 조직력이나 자원 조건을 그대로 플랫폼 조합 모델로 확장한 플랫폼 노동자 노동조합 유형이 있다. 여기에는 미국 덴버 택시 영업의 30퍼센트 이상을 점유하고 있는 그린택시쿱Green Taxi Coop이라는 플랫폼 노동자 협동조합의 사례를 들 수 있다.

플랫폼 앱 자체를 노동자 자신이 직접 제작하려는 움직임도 포착된다. 독일과 프랑스 등 라이더유니언 조합원들은 물리적으로 현장에서 함께하기 힘든 시위나 파업 투표, 안건의 표결, 긴급 메시지 전달 등을 위해 그들 자신의 플랫폼 앱을 구축하는 데 성공했다. 이른바 오픈소스 음식 배달 관리 앱 '쿱사이클CoopCycle 소프트웨어'를 제작해 무료 배포하면서, 유럽의 배달라이더들은 딜리버루의 배달 대행 독점에 맞서 이를 노동권 방어의 창이자 방패로 삼고 있다.

## 약탈적 플랫폼 시장을 넘어

플랫폼 노동조합과 협동조합의 실험들은 공통적으로 수익 배분의 합리성과 운영의 공동 소유권, 최소 수준의 중개수수료, 플랫폼 기술 통제의 투명성, 노동 감시로부터의 보호, 노동기본권 신장 등 참여 조합원들의 내부 협력과 공생에서

유의미한 성과를 낳고 있다. 이들은 재정을 모으는 새로운 형식들, 즉 지분투자형 크라우드 펀딩이나 시중 은행에서 사회공헌기금 투자 등을 이끄는 데도 성공했다. 하지만 이 것으로 짐짓 연착륙을 예단하기에는 섣부르다.

P2P 재단 대표 미셸 바우웬스Michel Bauwens의 플랫 폼 조합 모델에 대한 비판은 곱씹을 만하다.[14] 가령 그는 현 재 플랫폼 조합이 사회의 공공선보다는 내부 회원들의 이익 만을 위해 작동하거나, 한 지역이나 국가로 자격 조건이 제 한되어 있어서 플랫폼 공동의 자원 구축 노력이 상대적으 로 부족하다고 보았다. 왜 그가 유독 '개방형 협력주의open cooperativism' 개념을 고집하는지 이해할 수 있는 대목이다.

플랫폼 노동조합의 실험들은 앞으로 조합원들 사이 공 동 소유와 운영권에 초점을 맞추면서 플랫폼 조직 운영의 민주화와 분배 개선 효과를 얻으리라 본다. 자본주의 시장 에서 협력 가치를 도모하는 일은 그 자체로 혁신적이라 할 만하다. 하지만, 더 나은 삶을 위한 구상이라면 좀 다르다. 바우웬스의 지적처럼, 단순히 조합원 집단뿐만 아니라 사회 적으로 공적 증여와 공생의 가치가 넘쳐흐르는 개방적이고 확장적인 전망이 필요해 보인다.

결국 플랫폼 노동조합의 '조합원 이기주의'를 넘어 개 방성을 획득하려면, 우리가 범사회 차원에서 다종다양한 민 주적 소유와 수평 조직 관계의 대안 플랫폼을 어떻게 복제 증식하고 안착시킬 것인지의 문제를 고민해야 한다. 궁극적으로는 약탈적 플랫폼 시장을 어떻게 민주적으로 재배치해 '사회 공동선을 세울 것인가?' 하는 좀더 쉽지 않은 과제까지도 함께 풀어야 한다.

# 노동자를 노예로 만드는
# 알고리즘의 야만성

## '플랫폼 자본주의' 시대

자본주의는 늘 신기술 욕망에 굶주려왔다. 기술혁신은 자본
주의 성장을 유지하는 원천이었다. 생산공정에 자동화 기계
를 도입하는 일은 단위시간 내 노동생산력을 끌어올리는 효
과만 거두는 것이 아니다. 노동조건의 불안정성도 광범위하
게 이끌었다. 전문 기술노동직의 기계 대체 효과와 산업예
비군 형성, 기업가의 조직 통제력 확대, 구상(설계)과 실행
사이 노동 분업의 가속화, 노동 강도 증대와 상대적 잉여가
치 확보 등 기술혁신은 늘 노동의 성격과 형식을 재규정해
왔다.

　　오늘날 자본주의 기술혁신의 자동화 기계는 공장 담벼

락을 넘어 빠르게 사회 전역으로 스며드는 모양새다. 이는 단순히 자본이 공장이나 사무 노동자의 일과 외 여가 시간을 노동의 연장 삼아 통합한다는 의미만은 아니다. 그보다는 작업장 내 노동 행위가 일상 삶의 범용 활동이 되고, 자본주의 노동 형식이 사회 속 일상 문화 양식이 된다는 의미다. 실제로 페이스북, 유튜브, 트위터, 카카오톡 등은 대중의 일상 데이터 활동을 특정의 테크놀로지로 중개해 대중의 데이터 활동을 생산 노동으로 만들고, 이를 특수한 잉여가치로 배양하는 이른바 '플랫폼 자본주의'를 구성하고 있지 않은가.

자본주의 테크놀로지는 인간의 일상을 꽤 편리하게 하고 사회 혁신을 이끈 공이 적지 않지만, 바로 그만큼 우리 일상은 거의 플랫폼을 매개하지 않는 것이 없을 정도로 우리 사회 조직과 문화를 크게 규정해왔다. 대부분 글로벌 시민들은 이제 다양한 플랫폼을 매개해 유튜브 크리에이터로 혹은 소셜미디어의 누리꾼으로 나서면서 온라인 데이터 활동을 끊임없이 벌인다. 이것도 누군가의 강요 없이, 대체로 대가 없이 자발적으로 행한다.

플랫폼을 통해 누리꾼들이 거의 매일같이 남기는 좋아요, 댓글, 태깅, 멘션, 별점, 평점, 생체리듬 정보 등 빅데이터 부스러기들은 플랫폼 기업 알고리즘 공장의 용광로 속으로 빨려들어 정제되면서 데이터 노동이 되고 가치 생산의 포획 논리로 편입된다. 오늘날 플랫폼 자본주의는 이렇게 거의 모든 인간 일상의 데이터 활동을 자본주의의 노동으로 형질 전환하고 있다.

동시대 임금노동에 미치는 테크놀로지의 효과를 주목해보자. 가령, 카카오톡 문자는 소통의 편리함을 가져왔지만, 직장인 대부분을 24시간 '카톡지옥'에서 살게 만들면서 직장 스트레스 지수를 급속도로 높였다. 샐러리맨들은 노동시간 외에도 스마트폰을 이용해 상급 관리자가 수시로 날리는 카톡 대화방 업무 지시와 압박에 시달린다. 비정규직 알바의 스마트폰은 시급 노동을 얻기 위한 수단이자 노동 스케줄의 유연성을 부여해오기도 했지만, 이는 주로 고용 점주나 매니저 등의 시간 외 노동 예속을 강화하고 노동의 질을 파편화하는 '유리감옥'이 된 지 오래다.

## '과학적 경영'에서 '알고리즘 경영'으로

산업자본주의 시절에 기업들은 생산성 향상을 위해 인사관리나 '과학적 경영' 방식에 기대어 노동자들의 작업장 내 시공간 동작과 동선을 통제하는 기법을 꾸준히 실험하고 개발해왔다. 여기서 기술혁신과 응용은 과학적 경영을 위한 중요 원리로 채택된다. 예컨대, 무인 생산과 감시 시스템, 출퇴근 자동화와 사무 표준화 등이 과학적 경영을 돕는 중요한 기술 장치들로 쓰였다. 한발 더 나아가 오늘날 플랫폼 기업들은 노동자 관리를 위해 소위 '알고리즘 경영algorithmic management'을 시도한다.

알고리즘 경영은 플랫폼을 매개해 인력 정보들을 수집하고 연결해 필요한 고객에게 매칭하고 노동 수행 과정을 통제하는 자동화 혹은 인공지능 알고리즘 기술 기반형 노동 관리 방식을 지칭한다. 여기서 인공지능 알고리즘은 계약 노동자들의 플랫폼 활동을 감시·통제하고 고객의 체험 정보를 연산 처리하는 고도화된 자동 명령어 구실을 한다.

과학적 경영의 전통과 달리 알고리즘 경영은 자동화 기술을 활용해 기존 인간의 직접적 통제나 감시 방식을 대행한다. 배달이나 돌봄 앱 시장이나 카풀 플랫폼을 떠올려 보라. 거의 모든 투입 인력이 플랫폼 기술로 매개되어 실시간으로 배치되고 통제되면서, 프리랜서 자유노동은 사무실이나 공장의 작업 규칙 없이도 쉽게 관리된다. 실제로 노동을 제공하는 이들에게 직장 고용인이나 상급자가 불분명하거나 아예 없는 경우가 흔하다.

가령, 배달라이더는 근로계약서를 쓰는 대신 '배송업무 위탁계약서'라는 것을 쓴다. 명목상 그들 스스로 개인사업자이자 독립 프리랜서인 셈이다. 플랫폼 안에서 만인萬人 프리랜서가 되는 자유노동의 질서 속에서, 노동계약상 무언가를 책임질 고용주가 사라진 자리에서 플랫폼 중개인이나 대행업자가 인력 관리 역할을 대신하기 시작한다.

플랫폼 중개인은 전통적 고용계약을 통해 관리 책임을 지는 업주라기보다는 등록 노동자를 여러 물적 '자원' 가운데 하나로 보고 고객에게 맞춤형으로 내칭하는 인력 대행업자 역할에만 충실하다. 플랫폼 중개인들은 기업 비용과 고용 책임까지 지면서 기업가의 지위를 얻길 바라지는 않는다. 플랫폼에 등록된 노동자들은 4대 보험은 물론이고 퇴직금조차 보장되지 않음은 물론이다. 노동 위험이나 고용 책임 대부분은 독립 계약자인 프리랜서 노동자들 각자에게 '외주화'하는 구조다.

노동환경이 위태롭지만, 수익의 많은 부분을 플랫폼 중개인들이 독식하는 불평등 구조다. 그 이유는 간단하다. 그들이 플랫폼 소유자이자 운영자이기 때문이다. 결국, 알고리즘 경영은 플랫폼 자동화와 지능화에 기대어 주로 인간의 활동과 노동시간을 파편화하고 노동 과정을 효과적으로 통제할 뿐만 아니라, 발생할 수 있는 추가 비용과 위험도 플랫폼 노동자들에게 자연스레 전가한다.

## 노동자들을 길들이는 '훈육 장치'

알고리즘 경영은 비정규직 노동권을 크게 침해하는 '야만'과 '수탈'의 경제 유형이라는 점에서 좀더 주목해봐야 한다. 겉보기에는 플랫폼에서 각자 자유롭게 노동을 하고 그에 상응하는 보상을 받는 듯 보인다. 하지만, 플랫폼 노동자들은 스마트폰 콜에 의지한 채 1건당 서비스로 노동을 외주화하면서 위태롭고 불안한 삶을 이어간다. 대체로 노동자들은 유무형의 노동, 시간, 자산, 지식을 플랫폼에 위탁하면서도 플랫폼 이익의 정당한 보상은커녕 중개인의 이윤 독식 논리에 압도된다.

알고리즘 경영에서는 애초 중개인이 해야 할 업무가 계약 노동자의 시간과 비용으로 전가되는 경우가 흔하다. 예컨대, 플랫폼 노동 가입 신청, 등록, 주문, 배송 넣기, 배달 확인, 피드백, 수행평가 작성 등은 수시로 플랫폼 노동자가 해야 할 노동 외 시간 허드렛일이 된다. 플랫폼 사업자에게서 임명된 직원의 직접적인 노동 통제가 자동화하는 점도 흥미로운 대목이다. 이는 서구의 노동 플랫폼 통제 모델에서 흔하게 관찰된다.

반면 국내 플랫폼 노동문화에서는 배달 대행업자가 여전히 기술적 모니터링과 함께 '근태' 관리, 폭언, 강제 배차 등 전근대적 노동 통제를 함께 행하기 일쑤다. 서구와 노동문화의 차이가 있지만, 장기적으로 플랫폼 노동은 자동화 알고리즘에 기댄 '무인' 관리 시스템으로 점차 수렴될 공산이 크다.

알고리즘 경영은 관리자의 개입 없이도 완벽하게 작동하는 기술 감시와 통제 구상에 기초한다. 대규모 노동 플랫폼들은 가입 등록·관리, 고객·배달 콜 배치, 수입 배분, 서비스 과정 등에 자동 알고리즘 기술을 적극적으로 도입하고 있다. 굳이 경영 관리자를 현장에 파견하지 않더라도 우버 등 플랫폼 사업자는 앉은 자리에서 전 세계 자사 인력 데이터 분석 자료를 실시간으로 제공받는다.[15]

플랫폼 중개인은 심지어 스마트폰 배차 앱을 통해 자사에 등록된 운전자들의 가속과 제동장치를 밟는 횟수 등까지도 데이터로 전송해 받아볼 정도다. 플랫폼 노동자들의 운전 습관을 고용 평가 항목에 넣으려는 취지다. 어디 그뿐인가? 서비스 콜 건수, 콜 수락과 거절 비율, 동료 운전자와의 비교 등이 수시로 치밀하게 기록·파악된다.

노동 과정의 알고리즘 관리는 물론이고, 고객의 별점 등 평가 관리 시스템도 노동 통제의 중요한 논리다. 배달, 운전, 돌봄, 청소 서비스 노동을 행한 후 받는 고객의 평가나 별점과 리뷰는 독자 앱 시스템을 통해 관리된다. 플랫폼 노동에서 고객 평점은 서비스 질을 향상시키기도 하지만 노동자를 길들이는 중요한 훈육 장치가 된다. 회사 보스가 없는 노동 플랫폼에서 평점을 매기는 고객들은 사실상 노동자들에게 중간 매니저나 상급 감독자 정도의 감시 역할자로 다가온다. 그들의 별점 평가가 노동자 성과 측정과 제재를 위한 통제 기술이 되는 것이다.

이렇게 플랫폼 사업자들은 계약 노동자의 활동과 노동을 더 촘촘히 관리하고 예측하기 위한 알고리즘 노동 유연화 전략을 끊임없이 구사한다. 즉, 소셜봇, 추천 엔진, 자동 소프트웨어, 업무 배당과 평가 알고리즘, 고객 평가제 등 노동 통제에 뛰어난 기능을 갖춘 보완적 인공지능 기계들을 플랫폼 설계 내부에 결합하는 시도를 계속한다.

오늘날 노동 플랫폼들이 무인 알고리즘 경영을 위한 일종의 사회적 공장이 되면서, 프리랜서 계약노동을 수행하는 노동자들의 지위는 플랫폼 서비스를 받는 소비자와 별반 큰 차이가 없어진다. 실제 우버는 계약 운전자를 내부적으로 '개인사업가적 소비자entrepreneurial customer'로 부른다.16 우버 플랫폼에서는 노동력의 제공이 그저 소비재의 지위와 그리 다르지 않게 취급되는 것이다.

노동자들의 해고라는 전통적 실업 개념조차 플랫폼 노동에서는 '철회', '비활성화', '종료', '공유 콜 정지' 등 누군가의 플랫폼 노동 앱 서비스 차단을 시사하는 용어로 바뀐 지 오래다. 플랫폼에서 노동은 그저 사고팔기 위해 거래되는 자원 중 하나일 뿐이다. 완전 고용 없이 독립 계약만이 존재하는 플랫폼의 세계에서는 이렇듯 인간 노동이 교환 자원이나 소비재 정도로 강등된다.

고용주와의 관계 구조가 사라지고 노동 통제 권력이 알고리즘에 위임되면서 노동자는 이 신생 자동화 기술에 이런저런 오류나 편견이 있어 시정이 필요하더라도 그것을 고치기보다는 차라리 그것에 적응하는 법을 택한다. 최소 별 5개 중 4개 이상을 유지해야만 '비활성화', 즉 고용 박탈을 당하지 않을 수 있는 노동자들의 처지로 보자면, 대부분 더 높은 별점을 받기 위해 기술 통제에 침묵하고 순응하는 노동 행위에 길들여진다. 게다가 노동 현장의 면담이란 것이 대개 이메일이나 인공지능의 자동응답 통화 등 기계적으로 접수되고, 인도 등 해외에 있는 알고리즘 로봇의 맥락 없는 답변만이 메아리처럼 돌아온다면 더욱 그러하다.

알고리즘 경영 조건에서는 노동자들이 시정을 요구하거나 불평을 행할 대상과의 협상이나 투쟁을 점점 더 포기하고, 문제가 있더라도 차라리 알고리즘 기술과의 타협과 동거를 통해 생존 방식을 도모하는 일이 늘어난다. 이제 경영자와의 협상이 부재하고 플랫폼에 매여 있는 이들은 우리가 알던 그런 '전투적' 노동자들이 아니다. 그들은 플랫폼에서 앱을 두드려 노동을 할 수 있는 콜을 배달 중에도 신속히 따내야 하고, 알고리즘에 문제가 생겨도 반박하지 못하고, 적응하지 못하면 '강퇴' 조치를 당하는, 우리에게 익숙한 노동자상이 아닌 '유저user'와 비슷한 신세로 전락한다.

이제 무인 자동화 기계에 치이고 고용관계까지도 흐릿해져가는 이 알고리즘 경영 시대에 플랫폼 노동자들은 자신의 위태로운 지위에서 어떻게 자신을 굳건히 지킬 수 있을까? 국내 경기 악화로 인해 비정규직 청년 노동이 크게 늘어나면서 플랫폼 노동시장에는 외려 호재가 되고 있다. 노동기본권의 보호 장치 없이 취약한 상태에 내몰린 플랫폼 노동자들의 생존과 삶의 조건을 바꾸는 데는 결국 플랫폼에 대한 규제와 대항 논리 마련이 본질이다.

단기적으로는 각종 위험에 노출되고 적정한 보상 체

계에서 소외된 특수고용직 프리랜서들의 노동권 보호에 대한 사회적 공감을 이끌어낼 필요가 있다. 동시대 플랫폼 경제의 포획 논리, 즉 단일의 중개인에게 이윤이 몰리고 독점화하는 불평등 소유관계에 대한 대안 마련도 모색되어야 할 것이다.

"제4차 산업혁명이 우리를 노예로 만들고 있다"는 한 플랫폼 배달 대행 기사의 절규처럼, 우리의 헐벗은 플랫폼 노동의 문제를 직시해야 올바른 해법을 찾을 수 있다. 플랫폼 테크놀로지와 노동의 동시대 결합 양상을 관련 노동단체와 시민사회가 함께 공론화하고, 고용 지표에 잡히지 않는 다종다양한 '그림자 노동'을 포함해 위태로운 노동 실태를 전수 조사하여 그에 대한 사회적 대안 마련을 위한 열린 논의를 시작해야 한다.

# 자동화 예찬,
# 이의 있습니다

## 자동화와 노동의 종말

첨단 인공지능이 인간 노동을 대체하는 '노동 종말'의 시대
가 과연 도래할까? 대체로 이런 식의 물음은 너무 막연하고
헛되다. 노동의 종말을 처음부터 운명론적으로 받아들이면
서 하는 질문마냥 묻는 이의 무책임이 묻어난다. 노동의 미
래는 거저 생기기보다는 여러 복잡한 물질적 요인이 교직하
면서 복잡하게 구성된다고 보는 편이 맞다. 미래는 현실에
거하지 않던가.

   자본주의는 인간의 고된 노동을 흡착하며 욕망의 황금
탑을 쌓아왔다. 기술 자동화는 그 가운데 생산성 혁신의 중
요한 역할을 떠맡았다. 자동화를 통해 저숙련 노동 분업을

빠르게 이루었고, 단위시간당 노동생산성을 극대화했다. 때로는 통제가 어려운 전투적 노동자들을 퇴출시키거나 장인급 숙련 노동자를 거세하려고 일부러 기계 자동화를 꾀하기도 했다. 이전과 달리, 신기술 시대 자동화의 특징은 산업자본주의 시대와는 어떤 차이가 있을까? 무엇보다 인공지능, 데이터 알고리즘, 플랫폼 테크놀로지라는 고도화된 기술들이 복합적으로 응용되어 연결되면서, 노동 대체 효과와 기술 실업의 속도가 전례 없이 빨라지고 있다.

해외의 유력 미래 노동 연구보고서들은 인공지능 기계에 의한 노동 대체 속도가 새로운 일자리 창출 속도에 비해 현저히 커서 궁극에는 거의 모든 인간 노동을 흡수해 자동 기계화할 것이라는 관측을 내놓고 있다. 게다가 몇 년 전부터는 아예 미국 실리콘밸리 엘리트들과 서구 좌파 논객들이 한목소리로 일명 '완전 자동화된 화려한 공산주의Fully Automated Luxury Communism'라는 용어까지 내놓는다.

'화려한 공산주의'는 이른바 자동화와 '탈'노동의 유토피아적 미래 사회 전망이다. 이 논의의 핵심은 인공지능 등 선진기술로 인해 미래 인간은 임금노동의 굴레에서 해방되고, 희소성을 풍요로 대체하고, 우리 모두가 원하는 것을 무엇이든 얻고, 노동에서 해방된 우리는 여가 시간을 즐기며 자아실현도 꾀하는 '탈노동'의 유토피아적 세계에 도달한다는 전망이다.

영국의 진보 평론가 에런 바스타니Aaron Bastani는 최근 저술한 『완전 자동화된 화려한 공산주의』에서 '화려한 공산주의'가 기술 생산력에 따른 풍요의 미래를 선사하면서 "모든 사람이 카르티에와 몽블랑, 클로이를 즐기는 사회"에 이를 것으로 점친 바 있다.[17] 바스타니는 또한 지구 생태 위기와 불평등 확대에도 인공지능, 태양열, 유전자 편집, 소행성 탐사, 실험실 육류 개발 등 인간의 첨단기술로 얻어진 물적 조건을 발판으로 충분히 '탈노동'의 자동화된 미래를 이룰 것으로 낙관한다.

아이러니하게도 실리콘밸리의 자유주의 닷컴 엘리트들도 바스타니식 '화려한 공산주의' 이상향을 실현하자고 누구보다 열심이다. 이를 위해 빌 게이츠Bill Gates는 진즉부터 '로봇세' 신설을 제안했다. 로봇을 많이 쓰고 노동 소멸에 책임 있는 스마트 공장들에 기술 실업의 비용 책임을 지우자고 말한다.

전기자동차 회사 테슬라 창업자 일론 머스크Elon Musk, 넷스케이프 창업자 마크 앤드리슨Marc Andreessen, 기술전문가 팀 오라일리Tim O'Reilly, 벤처창업 투자기업 Y콤비네이터 회장 샘 올트먼Sam Altman, 페이스북 창업자 마크 저커버그 Mark Zuckerberg 등은 실리콘밸리 안팎에서 '보편적 기본소득' 도입을 전면적으로 주장하고 있다. 왜 실리콘밸리 엘리트들이 이 같은 '화려한 공산주의' 기획에 적극적일까? 이들은 기본소득을 통해 기술 변화로 인한 대량 실업의 사회적 여파와 반발을 최소화하고, 사전에 이를 대비하기 위한 안전장치 마련을 도모하려고 한다.

실제 '화려한 공산주의'가 제대로 가동되려면, 임금소득과 노동시간의 직접적인 관계를 끊어내고 누구든 평균 수준의 안정된 소득을 받아야 한다. 실리콘밸리도 이 같은 취지를 따르지만 질적으로는 조금 달라 보인다. 실리콘밸리 엘리트들은 기술 자동화에 의해 야기되는 탈노동 상황에 대비해 최소 수준의 생계비만을 기본소득으로 고려한다. 이들은 최소 비용 수준에서 무인 자동화 과정에서 퇴출된 실업자들의 최저생계비 마련과 빈곤 범죄 예방 효과를 얻고자 한다.

'화려한 공산주의'의 제대로 된 미래상은 카를 마르크스Karl Marx(1818~1883)에 의해 좀더 구체적이고 현실적으로 언급된 적이 있다. 마르크스는 테크놀로지는 자본주의 노동 소외와 속박을 낳았지만, 새로운 공산주의 사회의 구성을 위해 임금노동이라는 '필연의 영역'을 넘어 '자유의 영역'으로 나아가는 중요한 물질 변수로 보았다.[18] 실리콘밸리의 '화려한 공산주의'가 사회혁명이나 체제 변화 없이도 탈노동의 자유로운 미래 구상이 가능하다고 상상한다면, 마르크스는 사뭇 이와 달랐다. 즉, 그는 자본주의 노동의 소외 상태를 벗어나 지금과 다른 체제 전환을 이루지 못한다면, 근본적으로 기계 예속을 벗어나는 것은 그저 헛된 꿈에 불과하다고 보았다.

## 만성적인 세계 경기침체의 원인

사실상 실리콘밸리식 탈노동의 낙관적 미래 전망은 경제학자 존 메이너드 케인스John Maynard Keynes(1883~1946)에게서 찾아야 할 것이다. 1930년경 케인스는 인류의 기술혁신으로 인해 그로부터 꼭 100년 후인 2030년이 되면 큰 체제 전환 없이도 주당 15시간만 일하면서 전 세계 노동자들이 나름 품위 있는 삶을 누릴 수 있다고 예언했다.[19]

케인스에 이어 미래사회학자 제러미 리프킨Jeremy Rifkin도 1990년대 중반 그만의 용어로 비슷한 '노동의 종말'을 예측했다. 또한 리프킨은 기술의 고도화와 자동화로 야기될 수밖에 없는 '기술 실업'의 도래를 언급했다.[20] 그는 '사회적 급여'라는 개념을 제시하면서 오늘의 기본소득 논의와 유사하게 미래 탈노동 시대를 준비하자는 주장을 펼쳤다.

케인스나 리프킨의 지적대로라면 누구보다 앞서 꿈꾸던 자동화의 신세계가 곧 도래할 것 같다. 그런데 우리 주변을 둘러보자. '화려한 공산주의'라는 말은 합리적 이성을 가진 이라면 어느 누구도 쉽게 꺼내기 어려운 이상향적 단어처럼 들린다. 동시대 자본주의는 경기회복과 상관없이 저고용과 불완전고용 상태를 일부러 유지하면서, 안정적 일자리를 만들기보다는 임시직 노동자들에게 첨단 자동화 기계의 뒷일 처리나 보조역을 맡기는 불안한 노동 세계를 만들어내고 있다.

예컨대 실리콘밸리의 자동화 옹호론자들과 달리 미국 시카고대학 에런 베나나프Aaron Benanav는 자동화가 직접적으로 탈노동을 가져오기보다는, 만성적인 세계 경기침체와 고용지수 악화가 오늘날 탈노동 효과의 근원이라고 주장한다.[21] 고용 소멸과 불안의 직접적 원인이 자동화 기술이 아니라 오히려 전 세계 국가들의 장기적인 경기침체에 있다는 베나나프의 시각은 꽤 현실적이다. 기술혁신이 가져오는 노동의 종말론과 다르게 그보다는 장시간 노동과 과로사회로 집약되는 자본주의 경기침체의 물적 조건이 장기 실업 문제의 근본 원인이라는 해석이다.

## 기술이 낳은 노동 착취

자동화가 탈노동의 미래와 일대일로 연결되지 않는다면, 우리는 노동의 미래와 관련해 무엇을 더 주목해봐야 하는가? 첫째, 자동화는 자본주의가 지속되는 한 우리를 임금노동의 굴레에서 자유롭게 하기보다는 정반대로 위태로운 노동에 들러붙어 노동의 질을 더욱 떨어뜨리는 쪽으로 작동할 공산이 크다. 오늘날 자동화는 제조업 공장 담벼락을 넘어 사회 전역으로 확장되는 추세다.

기술 변화와 자동화의 영향은 위태로운 산업예비군과 비정규직 노동, 특히 초단기 알바, 특수고용직, 서비스 일용직, 단기계약직, 플랫폼 배달 노동 등 임시직 노동에서 주로 확대되는 경향이 크다. 켄 로치Ken Loach 감독의 영화 〈미안해요, 리키〉(2019)의 주인공 리키가 자신의 택배운송업을 "기술이 낳은 노동 착취"의 전형으로 마주했던 것처럼 오늘날 자동화는 직접적으로 임시직 노동의 피폐화로 구현된다.

둘째, 기업이나 사회의 자동화 도입 근거도 그리 단순치 않다. 달리 말해 자동화란 절대적으로 따라야 할 무엇이 아닌 것이다. 대개 자동화는 여러 자본주의 체제의 상황 변인들에 의해 좌우된다. 즉, 노동 단가의 문제, 생산비용 절감의 문제, 전문기술 혹은 단순 반복 업무의 조건 등 특정 노동의 기술 대체 효과, 시장 외부 상황 등에 따라 자동화 기술 도입의 완급을 조절하는 일이 이루어질 수밖에 없다. 이와 더불어 역사적으로 보면, 기술 도입 비용, 노동조합의 협상력, 조직적·사회적 변수가 공장 기술혁신 수위나 자동화 기계 도입의 중요한 근거가 된다.

상반된 두 사례를 들어보자. 하나는 미국 정부가 최저시급 법안을 통과시키려 하자 기업가들이 이에 반발하며 이른바 '로봇 고용법'을 추진해 곧바로 맥도날드가 인간 점원 대신 터치스크린 자동 주문기계를 도입했던 일이다. 최저시급을 올려줄 바에야 자동화 기계를 쓰는 편이 낫다는 기업들의 판단이 개입했다.

또 하나는 스포츠 브랜드 아디다스가 '제4차 산업혁명 교과서'이자 자동화 선도 사례로 평가받고 있는 독일·미국 내 '스피드팩토리Speedfactory' 운영을 결국 폐쇄하기로 한 일이다. 아디다스의 스마트 공장 폐업 결정은 반대로 개발 도상국의 질 낮은 노동조건에서 얻을 수 있는 노동비용 절감 효과가 확실히 크다는 판단이 작용했던 듯싶다. 어쨌거나 이 두 사례에서 보듯이 자동화의 도입이나 철회의 근거에는 여러 상황 요인을 계산한 기업의 셈법이 녹아 있다.

셋째, 대규모 사업장에서 인공지능이나 자동화 로봇을 물리고 다시 인간을 채용하는 자동화의 역逆진화 현상도 늘고 있다. 이는 자동화의 다른 경로를 제시하는 효과를 지닌다. 가령 일본 도요타자동차는 '가미사마神様', 즉 신이라 불리는 자동차 조립 공정에서 오래전 해고한 장인 숙련공들을 다시 회사로 불러들이고 있다.[22]

도요타는 애초 전 공정 로봇 자동화로 반복적 조립을 통한 비용 효율과 절감 효과를 냈지만, 이것이 장기적으로 자동화 기계들이 작업장 내 새로운 창의적 시도나 도전을 불러일으키지 못하고 조직에 타성을 불러올 수 있다고 파악했다. 즉, 도요타는 장인 노동문화 회복을 통해 자동차 조립 생산의 반복적인 자동 원리 안에서 숙련된 노동력을 일종의 창의적 촉매로 삼고자 한 것이다. 이 사례는 자동화의 미래도 기업이 지향하는 목표에 따라 인간-기계 앙상블의 밀도나 완급을 탄력적으로 조절할 수 있다는 점을 시사한다.

넷째, 사회 전반의 무인 자동화나 중개 플랫폼 기술 도입에 따른 '산노동'의 위기는 물론이고, 급속히 일반화되는 우리의 데이터 활동과 데이터 노동문제를 자동화의 새로운 화두로 다루어야 한다. 장차 노동의 자동화 프로세스는 지식과 정보를 다루는 인간 의식의 플랫폼 공장에서 이루어지는 데이터 가치 추출과 이익에서 생길 확률이 더 높다. 스마트폰을 하나씩 들고 있는 우리 인간이 매일같이 수행하는 데이터 활동이 플랫폼 기업들의 수익으로 대부분 전환되는 데이터 사회는 또 다른 자동화된 인간 노동의 모습이기도 하다.

가령, 2018년 유튜브가 기업 약관을 동의 없이 변경해 일부 유튜버들의 생계에 피해를 주자 이에 분개한 독일 유튜버들이 노동조합을 직접 조직하는 일이 벌어진 적이 있다. 유튜브 노동조합은 채 1년이 되지 않아 1만 6,500여 명의 회원을 모집했고, 이제는 독일 금속노동조합 산하에 있다. 이 신생 노동조합 결성 사례는 유튜브 이용자도 이제 콘텐츠를 생산하는 새로운 데이터 노동자 직군으로 봐야 한다는 점을 입증한다. 적어도 아마추어 무산대중無産大衆의 데이터 활동이 향후 인공지능 알고리즘의 자동화 원리에 가장 민감한 미래 노동 형태가 될 확률이 높다.

앞서 언급된 자동화의 여러 변수만 보더라도 실리콘밸리 엘리트들의 '화려한 공산주의' 예찬은 그리 현실성이 없어 보인다. 오히려 오늘날 자동화 과정은 위태로운 노동을 재물로 삼아 '고용 없는 일자리'를 구조화하는 데 일조한다. 가령 플랫폼 자동화 기계는 '사람이 할 수 있는 일과 컴퓨터가 할 수 있는 일 사이의 틈'을 메꾸기 위한 위태로운 일감만을 계속해 만들어내는 악역을 떠안을 것이다.

　　미국 언론정보학자 메리 그레이Mary L. Gray의 말처럼, 안정적 고용이 해체되면서 대부분의 인간들은 자동화 장치가 아직 매끄럽게 처리하지 못하는 일의 틈새에서 기계 보조나 비서 역할자인 '고스트 워크(유령 노동)'를 주로 하는 노동인구로 대거 재편될 운명에 처해 있다.[23] 결국 자동화 논의는 숙명적으로 다가올 '노동 종말'의 상상 시나리오로 받아들이기보다는 질적으로 나빠지고 위태로운 기술 예속형 '유령 노동'의 부상을 어떻게 현실주의적으로 대면할지를 따져 묻는 실천적 입장이 되어야 한다.

# '인공지능 국가 전략'에
사람은 없다

## 인간의 얼굴을 한 야만의 기술

2019년 12월 정부 관계 부처가 합동으로 '인공지능AI 국가 전략'을 발표했다. 'IT 강국을 넘어 AI 강국으로'라는 거창한 국민 계몽 슬로건도 함께 내걸었다. 그보다 몇 개월 앞서 문재인 대통령은 '인공지능 기본 구상'을 내놓았다. 인공지능을 기업 성장과 수익의 동력으로 삼고, 우리가 이에 걸맞게 인공지능 활용에 뛰어난 '일등 국민'이 되어야 한다는 것이 요지였다. 문재인 대통령의 기본 구상 발표가 인공지능을 향한 국가 비전 선포식이라면, '인공지능 국가 전략'은 구체적 실현 방향과 추진의 청사진이라고 할 수 있다.

국가 수장을 비롯해 관련 부처들이 인공지능에 대한

대규모 국가 전략을 제시한 것은 꽤 보기 드문 일이다. 역사적으로 보면 1990년대 중반 선진국을 중심으로 소위 '정보 초고속도로', 즉 인터넷 초고속망 구축을 통해 닷컴 질서를 열려고 했던 때가 포개져 떠오른다. 당시 문민 정부가 출범하면서 경제 체질 개선의 일환으로 정보 인프라 중장기 계획을 세웠던 정책 경험 이래 거의 처음 겪는 대격변이 아닐까 싶다.

그때의 성공 이력처럼 이번에도 '인공지능 강국'이 곧 실현될 것만 같은 분위기다. '인공지능 국가 전략'을 보면, 정부는 2030년까지 인공지능 인프라를 확대하기 위해 천문학적 국가 예산 투입, 관련 기업 환경 조성, 법과 제도 정비, 대국민 인공지능 저변 확대 등에 총력을 쏟고자 한다. 또 다른 한 세기 성장과 부흥의 먹을거리로 인공지능이 우리의 시야를 압도하고 있는 것이다.

'인공지능 국가 전략'은 인공지능이 "단순한 기술적 차원을 넘어 인문사회 등 모든 영역에 걸친 패러다임의 변화"를 이끌 가공할 만한 기술이라는 점을 강조한다. 그런데 이 "거대한 문명사적 변화"를 주도하는 인공지능의 위상 평가에 비해, 정부는 과거 정보 인프라 구축 시절처럼 아주 판박이로 인공지능 기술을 국내 산업 혁신과 성장의 발판으로 삼는 데 주목한다. 관련 시장, 법과 제도, 교육, 노동시장 개선 등도 이 혁신과 성장 코드에 모두 맞춰져 있다. 그래서일까? '인공지능 국가 전략' 계획 전체를 꼼꼼히 들여다봐도 인공지능 기술이 지니는 패러다임 전환 혹은 우리 사회에 미치는 기술 위력에 대한 대비책은 이상하리만치 단서조차 찾기 어렵다.

삼척동자도 이미 잘 아는 이야기지만, 인공지능 기술의 효과나 위력은 기존 정보통신기술의 무게감과 비교해 현격히 다른 질감을 지닌다. 인공지능은 핵 재앙 그 이상으로 인류에게 미치는 위력이나 파급력이 커서 한 번 인간의 통제 능력 범위를 넘어 '지능 폭발' 단계에 이르면 이를 이전 상태로 되돌리거나 수습할 수 있는 여지가 거의 사라진다. 즉, 인공지능은 혁신 성장을 가속화하지만, 이의 적용과 동시에 사회 리스크 관리 부담과 비용을 부단히 늘리는 예민한 기술인 것이다.

## '생각하는 기계'의 역습

영국의 이론물리학자 스티븐 호킹Stephen Hawking(1942~2018)은 이미 그의 생전에 인공지능의 위험에 인류가 철저히 대비하지 않으면 예상치 못한 대재앙에 이를 것이라고 수없이 경고했다. 그를 비롯해 전 세계 과학기술자, 글로벌 닷컴 기업가, 연구자 등이 모여 '아실로마 인공지능 원칙Asilomar AI Principles'을 발표하기도 했다. 이들 전문가는 인간처럼 '생각하는 기계'가 인류 문명에 미칠 파급력과 위험성을 환기하면서, 적어도 이 기술의 인류 '공동선' 원칙에 대한 국제

합의를 이끌어냈다.

　인공지능 기술 수준과 관련해 보자면 보통 구글의 알파고나 IBM의 왓슨과 같이 자의식 없이 사람의 지능을 흉내내거나 특정 계산 등 한 가지 수행성을 높여 제작한 '약한 인공지능Weak Artificial Intelligence'과 공상과학 영화에서나 볼 수 있는 인간과 같은 직관적 판단 능력을 지닌 생각하는 기계인 '인공 일반 지능Artificial General Intelligence, AGI' 혹은 '강한 인공지능Strong Artificial Intelligence'으로 나뉜다. 알고리즘 선택과 처리 과정에 대한 인간 개입이 클수록 약한 인공지능이고, 스스로 객체화되어 어떤 지적 업무도 성공적으로 해내는 범용의 지능체가 AGI 혹은 강한 인공지능이라고 할 수 있다. 호킹 등 기술 비판적 논자들이 우려했던 것은 곧 닥칠, 인간의 통제와 제어 능력을 벗어난 '강한' 인공지능 사회의 도래였다.

　또 다른 기술 재난 변수는 인공지능이 사회 현실의 주요 판단과 행위를 위한 기술설계로 굳어지면서 가면 갈수록 현실에서 인공지능 자동화 논리가 현실 사회 논리를 서서히 대체한다는 것이다.

　우리 주위를 둘러보라. 이미 직원 인공지능 면접, 지능형 무인 점포, 플랫폼 배달 노동의 알고리즘 경영, 고객 소셜 데이터 신용 평가, 인공지능 스피커 응대, 법원 판결 빅데이터 보조역, 인공지능 예술 창작, 무인 자동 요리와 안내 로봇 서비스, 언론 기사봇과 소셜미디어 채팅봇, 바둑과 체스 인공지능 기사, 학술 토론 인공지능, 빅데이터 물류 관리와 유통 알고리즘 시스템, 유튜브나 넷플릭스 콘텐츠 취향 분석과 예측 알고리즘, 소셜미디어의 맞춤형 광고 알고리즘, 댓글 자동 생성 알고리즘, 소셜미디어 이용자 매칭 정치 캠페인 등 인공지능 기술이 삶의 곳곳에 파고들면서 사회적 명령과 판단의 자동 대행 효과를 구현하고 있다.

인공지능 알고리즘이 이렇듯 범용화되어 우리 일상을 구성하고, 사회적 잣대가 되고, 인간 규범이나 판단을 대신할 때 과연 우리 사회의 운영은 어디에 기대야 하는가?

## 인공지능이 지구환경을 잠식하면

'인공지능 국가 전략'은 과연 이와 같은 인공지능 고유의 기술 재난 변수를 진지하게 고려하고 있는가? 아쉽게도 국가 계획안은 신생 기술에 기댄 성장주의에 그 모든 국가 공력을 집중하는 위험성을 안고 있다. 새로운 성장의 기술 동인動因을 찾아 국부를 키우려는 노력은 응당 정부의 일이라 할 수도 있다. 하지만 인공지능 기술의 잠재적 파괴력과 자동화된 사회문제도 인정한다면, 좀더 균형감 있게 인공지능 기술 안착을 위해 필요한 사회 원칙과 구상을 구체화했어야 한다.

하지만, '인공지능 국가 전략'에서는 성급한 기술 낙관론과 성장 숭배가 압도한다. 인공지능이 인간 사회와 삶 자체를 편리하고 효율적으로 바꿀 것이라는 장밋빛 가정이 짙게 깔려 있다. 가령 인공지능을 통한 '사회문제 해결' 필요성을 언급하면서 '고령화 시대 노인 돌봄, 범죄 예방, 국민 안전 강화, 맞춤형 서비스를 통한 국민 생활 편의' 등 주로 사회적 순기능만 강조하고 있다.

'사람 중심'의 인공지능 구현도 부실하기 그지없다. '취약계층까지 널리 인공지능의 기본 소양 교육과 기술 혜택이 돌아가는 것'이 '사람 중심'이며, 시민의 '삶 만족도'를 높이는 일이라고 단정한다. 인공지능의 기술 편리나 혜택을 '사람 중심'으로 치켜세우는 꼴이다.

유럽연합EU을 비롯해 선진국들의 움직임은 우리와 많이 다르다. 이른바 인공지능 사회 원칙과 인공지능 윤리 가이드라인 제정을 그 무엇보다 중요한 국가 과제로 삼아 이미 기초 작업을 끝냈다. 우리는 좀 늦어져 지금에서야 '인공지능 국가 전략'과 연계해 준비 중이다. 다른 국가의 인공지능 추진 방식이나 내용은 우리와 질적으로 큰 차이를 보인다. 이들은 주로 인공지능 기술 도입이 미치는 사회영향평가, 범시민사회 거버넌스 협의 체제 구축, 인공지능 가이드라인과 사회 대원칙 마련, 경제성장 활용이나 범용화 계획으로 이어지는 논리적 수순을 거친다. 이에 비해 우리는 다른 나라들과는 꽤 역전된 상황을 줄곧 마주한다.

물론 우리 정부도 2019년 5월 인공지능 기술을 직접 다루고 있지는 않아도 '지능정보사회 윤리 가이드라인'을 준비해놓았다. 하지만 아쉽게도 최소 수준의 추상적 윤리 원칙에 대해 확인만 하는 정도다. '인공지능 국가 전략'에서도 이는 반복된다. "인공지능 확산으로 생길 수 있는 역기능과 보안 위협에 대비한" 윤리 규범 마련이 주된 관심사로 언급된다. 인공지능의 기술공학이 사회 지배 논리가 될 여지가 큰 우리의 기술 과잉 현실에서 안이한 접근이다. 그러다 보니 우리식 인공지능 윤리나 규범 마련을 위한 움직임조차 실제 시장을 위한 구색이거나, 시장 성장을 위한 알리바이라는 의심을 받아도 뭐라 대꾸하기 어렵다.

가령 2018년 유럽연합 집행위원회가 마련한 '신뢰할 수 있는 인공지능 윤리 가이드라인Ethics guidelines for trustworthy AI'을 보자. 이는 그저 인공지능 윤리 지침이라 보기 어려울 정도로 인공지능 적용의 포괄적 사회 원칙과 국가 의제를 담고 있다. 즉, '인간 중심'의 인공지능 적용 항목만 하더라도 인간 존엄성, 개인의 자유, 민주주의, 평등, 비차별과 소수자 보호, 인공지능으로 위협받는 시민권과 노동권 보호 등을 구체화하고 있다.

2018년 일본 내각부內閣府에서 발표한 '인간 중심의 인공지능 사회 원칙'도 이와 크게 다르지 않다.[24] 일본 정부는 인공지능의 효율성과 편리로 인해 인간 존엄성이 훼손되어서는 곤란하다는 인본주의적 접근을 재천명하고, 동시에 다양한 배경을 지닌 이들의 행복추구권, 사회 격차 해소와 지구환경 문제에 대응해 인류의 지속가능성 보장, 구체적 기술 변화에 대응한 사회 협치 체제 마련을 인공지능 활용의 기본 이념이자 전제로 삼고 있다.

이렇게 우리보다 앞서 인공지능 윤리 규범이나 원칙을 마련한 국가들은 성장 추구에 앞서 사회 차원에서 기술 재난이나 인간 기본권 위협과 관련된 국가 대비책을 미리 준비하고 있다.

게다가 유럽연합과 일본 등은 기본적으로 인공지능 윤리 지침과 사회 대원칙의 내용에서 기술 투명성, 개인정보 보호, 기술적 안정성, 사회 책임성, 다양성, 비차별성, 공평성 등 기본적인 인공지능 윤리 조항들과 함께 '지속가능하고 환경친화적인 인공지능' 요건을 강조한다. 정부가 제4차 산업혁명의 첨단기술 성장론을 피력하는 것에 비해 아직까지 지구환경과 이들 첨단기술의 지속가능한 관계 설정에 대한 어떤 생태적 관점이나 환경 유해성과 관련된 진술조차 없는 우리 현실과는 크게 대비된다.

## 노동의 탈숙련과 사회적 탈숙련

한 사회가 지능형 인공지능 장치들에 판단을 위임하거나 자동화할수록 주요 사안들에 대한 시민들의 비판적 개입이나 숙의 과정이 생략될 확률이 높아진다. 이는 산업시대 공장 노동자가 기계화로 노동이 탈숙련physical deskilling 과정을 겪고 소외된 것처럼, 오늘날 시민들이 각종 지적 판난이나 행위 결정을 알고리즘 자동화 기계로 많은 부분 빠르게 위임하면서 사회적 탈숙련social deskilling 현상이 일상에서 흔히 일어날 수 있다.[25] 그 어느 때보다 인공지능이 구조화하는 현실에 대한 시민사회의 긴장과 개입적 실천이 필요하다.

단순히 정부가 '사람 중심'의 인공지능을 언급한다고 해서, 첨단기술이 지닌 잠재적 위험성이 거세되는 것은 아니다. 외려 인간의 얼굴을 한 야만의 기술 질서가 쉽게 도래할 수도 있다. '인공지능 국가 전략'의 기술경제 활성화 논리 안에서 '포용', '사람 중심', '감수성' 등 공허한 단어들을 단순히 구색용으로 쓰는 구습에서 벗어나야 한다.

2020년 새해 벽두에 그리 말 많던 시민 데이터 권리의 이른바 사망 선고식이 된 '데이터 3법' 개정안이 국회에서 통과되었다. 이 법 개정은 '인공지능 국가 전략' 계획의 기반 마련을 위한 사전 작업이라는 점에서 의미심장하다. '사람 중심' 국가 전략과 무관한 정반대 흐름이다.

진정 '인공지능 강국'으로 가는 길이 과연 무엇인지에 대한 본질적 점검이 필요해 보인다. '사람 중심'의 인공지능 국가 전략은 당연히 시장 주체를 지원하면서도 기술(디자인 설계), 사회(선택과 범위 규제), 거버넌스(민주적 논의 구도), 환경(생태 위기 극복) 층위 모두에서 발생하는 '알고리즘의 부당함algorithmic injustice'에 맞서 '민주적 인공지능'의 운용 원칙을 체계적으로 정립하는 일이기도 하다. 우리의 인공지능 국가 전략이 잠시 실수로 빠뜨린 듯 보이는 인공지능의 민

주주의적 설계를 우리 사회에 어떻게 마련할 것인지에 대한
과제는 성장 모색만큼이나 시급하다.

제

3

장

그린 뉴딜과

불타는

지구

## 지구의 종말을 알리는 경고

"이건 아니라고 봅니다. 사람들이 고통받고 죽어가고 있습니다. 생태계 전체가 무너지고 있어요. 우리는 대멸종의 시작 앞에 있습니다. 그런데, 여러분이 할 수 있는 이야기라고는 돈과 끝없는 경제성장의 신화에 대한 것뿐입니다. 도대체 어떻게 그럴 수 있나요."

2019년 9월 23일 유엔 기후행동정상회의에서 스웨덴 소녀 그레타 툰베리Greta Thunberg의 연설 내용이다. 그날 16세 소녀의 다소 격앙된 지구촌 연설은 자연 위에 올라서려 하고 물신적 가치에 포획된 뭇 어른들의 가없는 자본주의 욕망을 꾸짖고 있었다. 어른 세대 모두를 부끄럽게 만드는 뭐

겁고 뼈아픈 언설이다. 오늘날 그녀의 경고에 화답하는 전 세계 시민들은 기후 위기 비상행동 선언을 하고, '기후 파업 climate strike'을 조직하고, 청소년들은 결석 시위 등 기후행동을 시작하고 있다.

동시대의 기후행동은 이들 미래세대가 직접 지구 생태 위기를 초래한 기성세대의 무능과 무책임에 대해 저항을 선언하는 글로벌 생태 정치의 새로운 흐름이라고 할 만하다. 안타깝게도 책임이 있는 각국 정상과 정치인, 기업은 냉정하리만치 차갑게 이 사태를 외면하고 있다. 기득권의 최면일까? 미국은 물론이고 우리도 온실가스 감축에 대한 현실 대책은 아직 미온적이고 근본적 해결책 없이 표류 중이다. 지구 절멸 상황은 이 땅에 사는 인간을 포함해 모든 생명체의 화급한 문제가 되었다.

인간이 쌓아올린 자본주의 물질문명의 부산물이 지구 생명에 말기 판정을 내린 비공식 학명, 소위 '인류세人類世, anthropocene' 시대를 우리는 살고 있다. 인류세는 인간the anthropos-이 지구의 지배종이 되면서 새롭게 지층에 퇴적된 문명의 쓰레기더미의 지질학적 시대-cene, epoch를 이르는 말이다. 가령 흙이나 유기물과 뒤섞인 플라스틱 찌꺼기, 콘크리트 잔해, 혼합 시멘트, 핵물질, 살충제, 금속 성분, 비료 반응성 질소$N_2$, 온실가스 농축 효과의 부산물 등이 바로 인류세 퇴적층을 이루고 있는 것이다.[26]

동시대 지구 지질층을 일컫는 원래 학명인 '홀로세

holocene'를 이 기괴한 비공식 용어가 대체할 정도로, 인류세라는 말은 파국으로 치닫는 지구 시대의 종말을 카운트다운하기 위한 경고처럼 들린다.

## '지구행성주의'라는 함정

인류세는 그렇게 지구 절멸의 위기 상황을 일깨운다. 대륙 곳곳이 사막화로 물이 메말라가고, 하루에도 수많은 생명종이 끝없이 사라져가고, 갈 곳 잃은 쓰레기들은 쌓여간다. 핵 폐기물과 오염수는 방치되어 생태계에 상상하기 어려운 위험을 노출하고, 바다 생명들은 플라스틱에 질식해가고, 인간 자신의 섭생은 스스로 만든 각종 오염 화학물질로 위협받고 있다. 무엇보다 지구 행성의 위상도 달라진다.

　인간 삶 속 환경오염의 족적인 '생태발자국'을 그저 품어 안아주던 '마더랜드motherland' 지구의 온화한 이미지는 이미 온데간데없이 사라진 지 오래다. 오염의 과포화 상태에 이르자, 지구는 매우 즉각적이고 신경질적으로 반응한다. 코로나19 바이러스 등 '인수공통감염병'은 최근 인류에 복구하기 힘든 깊은 상흔을 안기고 있다. 게다가 종 절멸, 산불, 사막, 태풍, 홍수, 폭염, 초미세먼지 등 기후 재앙은 지구가 우리에게 분노를 표출하는 아주 흔한 방식이 되었다.

　성마른 지구 행성 변화로 말미암아, 일부 논자들은 이를 두고 '지구행성주의적planetary' 관점을 본격적으로 내놓기도 한다. 지구행성주의적 관점은 어지간해선 인간에게 잘 반응하지 않던 지구가 계속해 인간에게 진노하며 파국의 신호를 보내고 있는 상태를 주목한다. 지구가 '나 좀 쳐다봐'라고 외칠 때, 인간은 이를 단일의 생태 유기체적 탐구 대상으로 이제부터라도 진지하게 바라봐야 한다고 주장한다.

그러다 보니 지구행성주의는 이미 '불타는 지구'에 동승한 운명 공동의 절멸 상태를 강조한다. 여기에서는 빈부나 지위를 막론하고 급박한 파멸을 앞둔 지구 행성에 올라탄 인간들이 죽기 살기로 탈출 방법을 함께 고민해야 하는 긴급 상황에 내몰린다.

따지고 보면 인간들은 자신을 둘러싼 크고 작은 사건과 사물에만 익숙했지, 전체 시스템으로서 지구 그 자체를 집중해보는 데 소홀했다. 지구행성주의는 이렇듯 무상으로 제공되며 무한 수탈되어온 지구라는 공동 자연 자원의 관리 실패와 비극이 비수로 되돌아온 현실을 꾸짖는다. 지구행성주의적 관점은 지구 위기 사태의 급박함을 알리는 데 나름 강력한 경고 효과와 파국 대비에 누구도 예외일 수 없다는 사실을 일깨운다. 자연히 이런 운명 공동의 관점은 지구 시스템을 구제하기 위해 그 안에 수없이 서로 다른 인간과 생명종의 평화롭고 평등한 관계와 공존을 권고할 수밖에 없다.

지구행성주의는 지구 생명들의 공동 운명과 인간·생명종들 사이 연대와 협력을 강조하면서, 지구 생태 위기의 공동 대응을 자극하는 데 크게 기여한다. 하지만 맹점은 자본주의 성장의 과오가 무엇인지를 따져 묻거나 기후 위기의 실제 주범들이 누구인지, 누가 주로 피해를 입고 있는지를 꼼꼼히 살피는 데 대단히 성기거나 때로는 무심하기조차 하다. 지구 위기 극복의 대오隊伍에 세계 시민들이 동참할 것을 주로 호소하면서, 오늘의 인류세 문제의 발생 원인을 인간 모두의 탓이라 뭉뚱그린다.

하지만 지금도 지구의 생태 분노로 인한 피해와 죽임을 당하는 생명들은 여전히 빈약한 환경조건에 노출된 가난한 이들, 여성과 아이들, 동식물종들로 공식 기록되고 있다. 반면 기후 위기를 유발하는 해당 국가 정상들이나 정치인들은 이 사실을 애써 외면해왔다. 이제까지 지구 행성 위기 테제these는 인류 절멸의 거대 서사만을 전경화前景化하는 대신, 구체적으로 고통받는 존재들을 우리의 시야에서 저 멀리 사라지게끔 했던 것이다.

## 자연을 지배하고자 하는 욕망

지구행성주의가 내리는 면죄부에 부합하듯, 유엔 기후행동정상회의 등 지구 위기관리 시스템의 범정부 혹은 각국 정상들 간 국제 협의체는 형식적 합의만을 행하는 퍼포먼스의 장으로 활용되고 있다. 외려 현실에서는 지구 생태 위기 상황에 대한 실질적 규제나 대안 마련보다는 자본주의 시장 논리를 통한 또 다른 환경산업의 성장과 이윤 창출 방안을 고안하려고 하거나 첨단 공학적 해법만 난무한다. 사본주의 과학기술의 개조 능력을 과도하게 믿는 이들의 근시안적 논의는 현재의 지구 위기가 인류의 오만에서 비롯된 결과라고 보지 않고 지구를 새롭게 제어하려는 인간 문명 능력의 기회로 본다는 점에서 대단히 위험하다.

지구 생태 위기를 또 다른 첨단 신기술과 과학의 세례로 덮으려는 오만한 인간들의 구상을 보자. 이들은 기후 위기와 온실가스 문제를 산업자본주의 시대의 병폐로 보고, 또 다른 동시대 첨단 과학기술을 활용해 이를 돌려막는 것이 가능하다는 발상을 갖고 있다. 과학기술의 자연 지배 욕망이 지구 생태 파괴의 현실로 드러난 상황에서도, 더 거대한 과학과 더 뛰어난 첨단의 기술을 매개해 자연에 대한 인간의 통제력이 여전히 유효하다고 보는 어긋난 믿음이 끈끈히 자리하고 있는 것이다. 인간의 합리적 이성과 고도 과학에 의해 생태 위기를 제어할 수 있다는 자신만만한 낙관론은 실상 주류 지구촌 사회의 국제기구들이나 일부 환경단체들의 의식에도 팽배해 있다.

가령 지구온난화 해법으로 유황산화물의 에어로졸 aerosol을 대기 상층에 살포해 태양광을 차단하여 지구를 냉각하려는 지구공학적 해결책을 보라.[27] 이는 일종의 '태양지구공학solar geoengineering'이라 불리는 환경공학적 해법에 해당하는데, 현재 지구의 기온 상승 흐름을 뒤바꿀 인간의 대안으로 그럴듯하게 포장되어 언급되고 있다.[28] 이 저렴한

국부수술식 위기 탈출 해법은 지구 기후나 생태계를 불안정하게 만들 또 다른 환경 재앙을 불러올 수도 있다는 점에서 무모하다. 그보다 큰 위험은 인간의 과학기술에 대한 과신과 오만에 있음은 물론이다.

또 다르게, 생태 위기를 자본주의 사업화하는 경향도 경계해야 한다. 대체에너지 개발이나 연료 효율성이라는 명목으로 인류세 위기를 반사이익의 기회로 삼으려는 신생 환경 비즈니스 사업체들이 줄을 잇고 있다. 여전히 꽤 많은 사람이 핵에너지의 효율성을 가장 높게 사고, 가시적으로 탄소 배출이 적다는 이유로 핵발전 유지를 옹호하는 경향이 크다. 이를 유지·관리하고 폐기하는 데 소요되는 수많은 생태 위험과 비용을 외면한 까닭이다. 게다가 태양광 발전, 첨단 반도체 생산, 인공지능 기술개발도 무공해산업으로 취급되는 정황이 있다.

잘 알려진 것처럼, 태양열 전지 제조와 폐기 과정에서 발생하는 환경오염 문제, 반도체 공장의 맹독성 화학물질 생산, 여의도 크기의 데이터센터에서 뿜어져 나오는 하드웨어 장비의 열기와 이를 식히기 위한 천연 자연수의 사용은 또 다른 지구 생태 오염원이 된 지 오래다. 산업자본주의의 유물로서 탄소 배출이 지탄받는 것과 달리, 이들 신생의 것은 꽤 환경친화적이고 진화된 테크놀로지로 포장되면서 또 다른 반생태적 효과를 은폐한다.

본질적으로 인류세라는 용어에는 자본주의 체제의 비정상
적 발전과 성장 욕망에 대한 직접적 경고가 빠져 있다. 인류
세에는 기실 오랜 시간 진행된 고약한 자본주의적 어려움,
즉 자연의 개발과 수탈 과정, 자연환경의 대기업 공장 경영,
토지와 도시 공동 인프라 파괴, 인간 노동의 피폐화, 고도 자
동화 기술권력 등이 얼룩져 있다. 이 점에서 지구 생태의 본
질적 전환 시도 없이, 그저 생태 위기를 우리의 잘못으로 몰
아가는 운명 공동체적 논의나 과학기술에 대한 인간의 철저
한 맹목은 순진하거나 허망해 보인다.

　　미래를 가늠하기조차 힘든 불안하고 불투명한 안개 속
같은 지구에서 우리는 과연 지금의 과학기술을 자본주의 성
장과 발전을 위해 계속해 미친 듯 끌고 가야 하는지에 대한
물음을 다시 처음부터 던질 필요가 있다. 인류세 위기를 벗
어나기 위해서라도, 과학기술의 위상을 다시 뜯어보고 근본
적인 궤도 수정을 도모해야 한다.

　　그러자면 우선 기후행동가들은 온실가스 유발 산업에
대한 주목뿐만 아니라, 지구 생태 위기의 근원적 문제를 폭
넓게 파악하기 위해서라도 동시대 첨단 과학기술의 반생태
적 효과까지 살펴 이에 대항할 필요가 있다. 이를테면 인공
지능, 나노테크놀로지, 유전공학 등 신기술이 가져오는 지
구 생태의 또 다른 교란 방식을 함께 고민해야 한다.

물론 이제까지 인류는 암 선고를 받은 이 지구를 마냥 방치하지는 않았다. 오늘 그레타 툰베리로 상징되는 수많은 청소년의 기후행동은 물론이고, 세계 시민들이 각자 자리에서 생태와 문명 회복을 위해 노력해왔다. 브레이크 없는 자본주의의 야만에 대항해서 탈성장 운동, 부엔 비비르Buen Vivir(부엔 비비르는 '좋은 삶'이라는 뜻으로, 개발과 성장을 지양하고 자연과의 조화를 추구하려는 남미 생태운동을 뜻한다),29 탈정상과학(시민과학), 기술민주주의, 환경 자원의 커먼즈론 등 지구 생태 회복력을 찾으려는 아래로부터의 저항이 꾸준히 시도되었다. 이들 풀뿌리 생태주의 운동은 인간의 문명과 생산력을 아예 부정하려는 것이 아니라, 오히려 자본주의의 질주를 막고 이것의 궤도 수정을 부단히 요구하고 있다는 점을 기억하자.

안타깝게도 이 풀뿌리 생태운동들은 전 지구적 위기 상황을 온전히 제자리로 되돌리기에는 여러모로 힘에 부친다. 크게 흔들리지 않는 자본주의 산업 발전과 성장 욕망으로 인해, 이미 지구 생태 회복력이 크게 떨어진 탓이다. 지구 생태 위기에 대한 행동주의적 흐름에 동참하면서도 좀더 주류 자본주의 체제 아래 깊이 각인된 과학기술의 성장과 발전 신화를 뒤흔드는 일도 중요하다. 달리 보면 이는 미세먼지 없이 쾌청한 듯 보이는 대한민국의 푸른 하늘에서 곧 다가올 우울한 사태에 대한 예지와 통찰을 키우는 일이다.

# 반인권과 반생명의
# 부메랑

## 테크놀로지의 두 얼굴

인류에게 테크놀로지는 문명을 일구는 중요한 원동력이자 그 일부가 되었고, 지구 물질세계 구성의 절대 원리가 되었다. 인간 테크놀로지는 한편으로 인류 삶과 의식의 풍요를 가져오기도 했지만, 한편으로 우리 생존 자체를 위협하는 반생명과 반인권의 부메랑이 되기도 했다. 어벤저스급 기술 미래로 불리는 '제4차 산업혁명'의 요소 기술은 어떠할까? 아직은 예단하기가 섣부르지만 이 또한 미래 우리 삶을 편리하게 할 수 있다는 이른 기대감만큼이나, 자본주의의 도구적 합리성을 공고히 하고 지구 생명 파괴에 일조하는 경향도 커져가고 있다.

대개 우리는 기후 위기의 주범이 화석 원료에 의존한 전통 산업 공장과 석탄 발전소의 탄소 배출과 온실가스 효과라고 단정한다. 이에 비해 상대적으로 첨단 신기술이 야기하는 반생태적 파괴력에는 무심하다. 심리적으로 우리에게 비트의 디지털 세계가 무색무취의 녹색 청정지대처럼 여겨지기에 더욱 그렇다. 그런데 우리가 쉽게 간과하는 것은 디지털 첨단기업들도 탄소 경제의 일부라는 사실에 있다. 우리는 자주 첨단 가상경제의 동력이 현실 세계의 화석 원료 경제와 인간의 산노동을 근간으로 한다는 기본적인 사실을 잊고 산다.

이제까지 우리에게 일상 속 온라인 데이터 활동이 탄소 경제와 얼마나 어떻게 맞물려 있는지는 그리 큰 관심사가 아니었다. 하지만 불행하게도 각종 스마트 컴퓨터와 5G 스마트 장치의 명멸하는 스크린 위 불빛이 화석 원료 에너지 기반 없이는 전혀 기능하지 않는다. 첨단 닷컴 경제가 주된 에너지 공급원을 화석 원료에 의지하고 대체에너지 전환이 미미한 상태에서, 결국 스마트 사회의 주된 활동은 곧바로 온실가스 효과로 이어진다.

이탈리아 커먼즈 이론가인 마시모 데 안젤리스Massimo de Angelis는 우리의 온라인 활동과 탄소 배출의 밀접한 유기적 성격을 다음과 같은 몇 가지 예를 들어 설명한다. 가령 누군가 컴퓨터 앞에 앉아 구글 검색을 한다고 치면 5~10그램이 인터넷 브라우징을 하면 초당 20밀리그램의 탄소 배출을 초래한다. 단 몇 분 정도밖에 걸리지 않는 인터넷 검색에 소모되는 전력량은 보통 주전자 물을 끓이는 데 투여되는 에너지와 맞먹는다. 한때 서구인들의 관심을 크게 받았던 '세컨드 라이프Second Life' 같은 가상현실 게임은 누군가 하나의 아바타를 유지하려면 매년 1,752킬로와트시kWh 전력량을 소모한다. 이는 약 1.7톤의 탄소 배출량에 해당하고, SUV 자동차에 견줘볼 때 서울과 부산을 거의 5번 왕복 주행한 양과 같다.[30]

마시모 데 안젤리스는 좀더 복잡한 컴퓨터 작업일수록 더 큰 전력 소모와 탄소 배출로 연결된다는 아주 당연한 사실을 우리에게 확인해준다. 전원을 넣고 전깃불을 켜고 물을 끓이고 선풍기를 돌리고 텔레비전을 보는 행위와 마찬가지로, 아니 때로는 그 이상으로 우리는 온라인 공간에서 무언가를 찾고 행하면서 지구 온실가스 효과에 일조하고 있다. 물론 그의 진술은 대체에너지 혹은 재생에너지 전환이 제대로 이루어지지 않고 있는 석탄 원료 에너지에 기반한 오늘날의 현실을 가정한다.

## 첨단 IT 기업들의 탄소발자국

닷컴기업들은 일반인들보다 좀더 체계적이고 구조적인 방식으로 지구 온실가스 효과에 기여한다. 이를테면 닷컴기업들은 그들 시설의 재생에너지 사용과 데이터센터의 '청정

'냉각' 과정이나 '절전형 에너지 소모'를 중요한 기업 홍보 소재로 삼아왔다. 그런데 그들의 주장이 무색하게 정황은 이와 크게 다르다.

미국 IT 연구·자문 업체 가트너의 조사에 따르면, 휴대전화와 컴퓨터 등 첨단산업이 만들어내는 지구온난화 효과는 전 세계 이산화탄소 방출의 적어도 2퍼센트에 이른다. 이것도 10여 년 전 통계치임을 감안해야 한다. 가장 최근 '인공지능 나우연구소AI Now Institute' 자료에 따르면, 이들 닷컴기업의 지구 온실가스 효과가 2020년 거의 2배인 4퍼센트 수준에 이르고, 다른 개선이 없다면 2040년에는 14퍼센트 수준까지 오를 것으로 내다보고 있다.[31]

쉽게 비유하면, 현재 닷컴기업들의 화석 원료 소모 수준은 매년 전 세계 항공기들이 운행 중 방사하는 대기가스 배출량에 맞먹는다. 무엇보다 닷컴업계가 유지하는 전 세계 데이터센터와 첨단 통신 인프라 장비의 냉각장치 가동을 위한 에너지 소모는 이보다 광범위하고 심각하다. 닷컴기업 탄소 배출량의 70퍼센트 정도가 이들 거대 데이터센터에서 발생하고 있고, 이것의 지구 온실가스 효과 영향력이 점점 증가하는 추세다.

이렇듯 전문가들은 첨단기업들의 탄소발자국이 앞으로 계속해 증가하리라 예측하고 있다. 더군다나 굴뚝공장들에 비해서 닷컴기업들은 이제까지 공적 감독이 쉽지 않을 만큼 대체에너지원 비율 정도나 화석 원료 에너지 소모량에

대한 정보 공유가 미비하거나 내부적으로 이를 아예 공개조
차 않고 있다는 점에서 문제가 크다.

최근에는 신기술의 총아로 떠오른 비트코인Bitcoin 등
채굴 작업이 만들어내는 전력 소모도 새로운 환경 재앙 요
인으로 떠오르고 있다. 미국 케임브리지대학의 '케임브리지
비트코인 전기 소비 지수'에 따르면, 한 해 비트코인 채굴에
들어가는 전력량은 70.27테라와트시TWh로 추정된다. 현재
이 전력량은 칠레나 콜롬비아 등 남미 국가의 한 해 평균 전
력 소모량을 능가하는 수치다.[32]

문제는 늘어나는 채굴량의 대부분이 현재 주로 석탄발
전소를 에너지원으로 삼는 중국에서 이루어진다는 사실이
다. 또한 여기에는 더 많은 비트코인을 생성하기 위해 고난
이도의 산식算式을 풀어야 하고, 이를 위해 더 큰 처리 용량
의 장비를 들이면서 더 많은 에너지 소비를 유발해야 하는
악순환의 고리도 잠재해 있다.

혹자는 적극적 대체에너지 수급 노력 없이 닷컴기업들
의 지구 온실가스 효과를 나무라서만 되겠느냐고 문제 제기
할 수도 있겠다. 외려 문제는 그들 스스로 '청정'에너지 사
용 업체라 홍보하면서, 한편으로 첨단 신기술을 활용해 생
태 파괴의 기술 구조에 적극 편입하는 데 있다. 가령, IT 전
문뉴스 『기즈모도Gizmodo』에 따르면, 구글·마이크로소프
트·아마존 등은 화석 원료의 대표 주자인 유전 개발 업체들
의 성장을 돕고 유전 채취를 가속화하면서, 인공지능·자동

화·빅데이터 등 최첨단 기술들을 동원해 적극적으로 비즈니스 활동을 하고 있다.[33]

닷컴기업들이 유전 개발 관련 부서를 신설해 유전 사업자와 협력관계를 맺고, 원유의 탐사·추출·생산·관리·노동 대체 등에 기술 영향력을 미치는 것으로 알려지고 있다. 닷컴기업들이 오히려 화석 원료 생산을 촉진하면서 기후 위기에 일조하고 이를 자동화해 원유 생산을 배가하는 환경 파괴의 촉진 효과까지 내고 있는 것이다. 결국 이는 '파리기후협정'에서 인류가 약속한 유전 개발의 제한을 위배하는 자본과 기술 욕망이기도 하다.

## 야만의 테크놀로지에 속박된 사람들

당장의 기후 위기는 물론이고, 첨단 테크놀로지는 지구 생태와 지구에 살아가는 종들의 생존 조건을 더는 견디기 어려운 헐벗은 박탈 상태로 내몰고 있기도 하다. 다시 말해 첨단 기업들에 의한 지구 온실가스 효과가 바로 닥친 우리의 생태 위기 상황이라면, 첨단 테크놀로지로 촉발된 이른바 인간의 기술 예속과 속박의 문제도 지구 생명종의 심각한 위기 상황이다.

대체로 기술 예속과 속박은 힘없고 박탈당한 이들 주위에 늘 꼬인다. 반생태적 테크놀로지에 예속된 이들은 과연 누구인가? 주류 기술 체제에서 소외된 이들, 빙사능과 독성 화학기계에 일부 신체 능력을 잃은 이들, 중요 기술설계를 들여다볼 수 있는 권한에서 배제된 이들, 데이터 인권을 박탈당한 이들, 자동화 기계의 전산 논리에 심신이 피폐해진 이들, 불안한 플랫폼 노동으로 위험 상태에 처한 이들, 무인 자동화로 직장을 잃고 삶이 위태로워진 이들이 바로 그들이다.

무엇보다 불안하고 위태로운 노동 현실에 처한 이들에게 테크놀로지는 비수가 되거나 악귀처럼 들러붙는 경우가 흔하다. 줄곧 노동의 피폐화나 '위험의 외주화'는 사회적 타살의 기계장치와 맞물려왔다. 유통상품 재고 관리의 빅데이터 분석과 예측력이 높아지면서, 낮과 밤 노동 리듬에 덧대 새벽 배송 노동 형태가 강제 생성되고, 배달 노동은 24시간 극한의 생존 능력의 시험장이 되고 있다. 플랫폼 배달 노동이 활성화되면서 수많은 라이더의 배달 사고율은 급증한다. 서울 지하철 구의역과 태안발전소 사망 사고 등 전국 단위 산업 현장에서 하청과 재하청, 파견, 이주노동에 지친 청년들의 사회적 타살과 죽임이 매일 일상화되고 있다.

기술 재난 상황도 다르지 않다. 2011년 일본 후쿠시마 원전사고 수습과 방사능 피폭의 중심에는 비정규직 노동자와 힘없는 지역 주민들이 희생양으로 자리한다. 기후 위기에 의해 야기된 해일이나 태풍 등 자연 재난으로 인한 사망 사고는 여성, 노약자, 어린아이 등 가난한 나라의 약자들에게 집중된다. 포용성을 크게 고려하지 않는 야만의 기술 환경에 밀려 사회적 약자들이 생존의 막다른 골목에 몰리면서 과로사와 자살은 최고치를 경신하고 있다. 첨단 기술의 편리와 효율성만큼이나 사회적 약자들의 기술 소외와 죽임이 급증하고 있는 것이다.

## 첨단기업들의 사회적 책임

닷컴기업들이 하이테크 변장술로 무공해산업으로 추앙받는 반면, 효율의 지배 논리 속 기계에 예속된 가난한 사람들은 사회에서 점차 추방된다. 인간 종들의 첨단 테크놀로지에 대한 오만과 함께 성장과 발전에 대한 맹신은 지구 생태를 위태롭게 하고 빈곤층들의 기술 소외를 크게 키워왔다.

　오늘날 야만의 기술 조건을 털어내기 위해서는 먼저 지구 기후 위기와 관련해 첨단기업들의 사회적 책임이 무엇일지 따져 물어야 한다. 현재 탄소 배출에 가세하거나 온실가스를 상승시키는 닷컴기업들의 주요 기반시설과 활동을 재생에너지 기반으로 바꾸려는 에너지 수급 정책 방안이 마련되어야 할 것이다. 그러려면 IT 기업들의 에너지 소비량이나 대체에너지 수급 정도가 얼마인지 투명하게 공개될 필요가 있다.

　자발적 에너지 전환 노력이 어려운 경우에는 기후 위기에 큰 영향을 끼치는 닷컴기업들의 환경 영향력을 공식적으로 규제할 탄소세 노입, 에너지 소비 효율을 높이는 기술

설계 노력에 대한 에코 인센티브나 세제 혜택, 화석 원료를
촉진하는 협력 사업들과의 절연 방안 마련 등 사회적 규제
수단이 가능한지도 따지는 일이 중요해진다.

　더 나아가 온실가스 배출을 막기 위해 모든 화석 원료
를 대체에너지로 단계별 전환하고 사회 빈곤층에 대한 지속
가능한 일자리 창출을 위해서라도 최근 서구에서 조명 받
는 '그린 뉴딜Green New Deal' 정책이 국내에서도 어떤 전망
을 지닐지 우리식 논의가 속히 시작되어야 한다. 더불어 자
본주의의 신흥 기계장치에 매달린 인간들의 기술 예속과 소
외 문제를 해결할 상생과 포용의 기술 미래도 함께 고민해
야 할 과제다.

# 그린 뉴딜은
# '불타는 지구'를 구할 수 있을까?

## 우리는 '인류세'를 살얼음판 걷듯 살고 있다

영국 글로벌 정유기업 BP가 발표하는 「세계 에너지 통계 리뷰Statistical Review of World Energy」(2019)에 따르면, 한국은 2018년 현재 이산화탄소 배출 증가량이 OECD 중 1위, 이산화탄소 배출량은 세계 7위를 기록하고 있다. 재생 가능 에너지 비율도 불과 몇 년 사이 1퍼센트에서 7퍼센트대까지 올렸지만, 여전히 OECD 국가 평균에 한참 미치지 못해 갈 길이 멀다.

게다가 국제에너지기구IEA가 발표한 한국의 1인당 전기요금은 OECD 국가 가운데 두 번째로 낮다.[34] 이것마저도 우리의 산업용 전기요금 할인율 수준 등을 반영하지 않은 평균값이다. 세계 9위 수준의 에너지 소비 규모를 지닌 국가라는 점에서 여러모로 부끄러운 수치들이다. 성장을 위해 탄소 에너지 소비가 불가피했다고 보기도 어렵다. 최근 경기침체에도 오히려 화석 원료 에너지 소비가 꾸준히 증가했던 정황이 그렇다.

기후 위기와 지구 생태의 절멸 상황은 이미 목전에 와 있는 듯한데, 이를 되살리기 위한 각국 정상들의 지구 위기 관리 해법과 실천은 지지부진하다. 기후협약을 위한 '파리 기후협정'과 전 세계 청소년들의 기후행동은 책임져야 할 어른들의 오랜 동면 상태를 크게 일깨우는 데는 이르지 못하고 있다. 인간의 생태발자국 과포화 상태로 초래된 지구 절멸의 비공식 지질학적 시대인 '인류세'를 인간들은 살얼음판 걷듯 살고 있다. 인류세가 우리에게 주는 화급한 메시지를 개별 국가들의 정치적·경제적 이익에 앞서 전 세계적인 공통 의제이자 지구 전환의 과제로 빠르게 쟁점화하는 일은 이제 동시대 인류가 해결해야 할 난제가 되었다.

빠르게 대처하고 행동하지 않으면 파괴와 절멸의 순간을 맞이할 수밖에 없는 상황에서 우리는 무엇을 할 수 있을 것인가? 발전과 성장의 가없는 자본주의 욕망 아래 지구 생태 전환은 양립할 수 있을까? 그러던 차에 '그린 뉴딜'이 인류세 지구 전환의 문제 해결책으로 크게 주목받고 있다.

'뉴딜(새로운 합의)'은 잘 알려진 것처럼, 1930년대 미국 프랭클린 루스벨트Franklin Roosevelt(1882~1945) 대통령 시절 경제공황을 돌파하기 위해 마련했던 케인스주의적 경기 부양책이었다. 당시 경제 회생과 고용안정을 위한 정부 주도의 정책 처방과 유사하게 오늘날 '그린 뉴딜'의 핵심은 전 지구적 기후 위기 대처, 환경 관련 일자리 창출, 재생 가능 대체에너지로 전환을 모든 국가가 나서서 함께 도모하자는 공동의 목표 실현에 두고 있다.

## 불타는 지구

그린 뉴딜은 미국과 영국을 주축으로 하지만, 그 스펙트럼은 무척 다양해서 단일의 목소리로 정리하기 어렵다.[35] 기본적인 공통 특징만 옮겨보자. 2018년 '기후변화에 관한 정부간 협의체IPCC'의 「지구온난화 1.5도 특별 보고서」는 2010년 대비 2030년까지 45퍼센트 이상 이산화탄소 감축, 2050년까지 '순 제로net-zero' 배출 상태를 이루어야 기후 재난으로 인한 가난한 나라의 노약자와 아이들의 대규모 사망을 막을 수 있을 것으로 진단했다.[36]

IPCC의 진단에 맞춰, 유럽 그린 뉴딜 진영도 매년 전 세계 국내총생산GDP의 1.5~2퍼센트를 재생 가능 에너지 개발에 투자한다면 향후 50년 이내에 효과적으로 화석 원료 소비에서 완전한 탈피와 온실가스 감축 효과를 낼 수 있다고 본다.[37] 미국도 그린 뉴딜을 통해 2030년까지 재생에너지 100퍼센트 전환, 2050년까지 에너지 부문 온실가스 제

로 달성, 1,000만 명의 환경 에너지 관련 신규 일자리 창출을 목표로 삼고 있다.[38]

그린 뉴딜의 전 지구적 전환 플랜은 부자 나라들과 자본주의 기업들의 기후 위기에 대한 무책임한 방치 상황에 대한 가장 현실주의적 실천 대안으로 보인다. 그린 뉴딜이 기후 위기를 돌파할 구체적인 달성 목표를 내오면서 우리 인류의 지향점이 선명해 보이기까지 하다. 이제까지 전 세계 기후 위기 탈출을 위해 정확한 탄소 배출 수준이나 대체 에너지 개발 등을 국가 정책 사안으로 진지하게 다루지 못한 정황에서는 더욱 그렇다.

그린 뉴딜은 기후 위기 사안에 대해 먼 미래 정책과 비전을 제시하는 것만으로는 현재 급하게 촌각을 다투는 '불타는 지구'의 절멸 상황을 돌파하기가 여의치 않다는 문제의식에서 출발한다('불타는 지구'라는 은유적 표현은 나오미 클라인Naomi Klein의 『On Fire: The Burning Case for a Green New Deal』[2019]에서 차용했다).

그린 뉴딜은 한편으로 석탄, 석유, 천연가스 등 화석 원료의 대기오염 수준에 상관없이 이 모든 화석 원료가 실질적으로 사라져야 할 온실가스의 주적이라고 보고 있다. 다른 한편으로, 환경 조림과 밀림은 이산화탄소를 흡수하기 위해 중요하게 취급되고, 일종의 '재자연화'를 위한 보완 논리로 다루어진다.

화석 원료를 대체할 재생 가능 에너지에는 대체로 태

양열과 풍력이 중심에 있다. 이들 재생 가능 에너지 설비를 위해 대규모 공간이 필요하다는 우려의 목소리도 있으나,[39] 그린 뉴딜론자들에게 실제 공간 점유 효과는 미미한 것으로 여겨진다. 가령, 미국 에너지 전체 소비를 태양열로만 대체하더라도 대지 이용이 불과 1퍼센트 미만에 그칠 것으로 보고 있다.[40]

'성장 없는 번영'이나 '검소한 풍요사회'를 강조해왔던 '탈성장'론의 GDP 비판과 달리, 그린 뉴딜은 인류가 탄소 배출 경제활동을 완전히 끊는다면 이를 유효한 양적 성장의 지표로 계속해 사용할 수 있다고 본다.[41] 그린 뉴딜론자들은 기후 위기 극복 과정과 성장 지표 상승이라는 두 마리 토끼를 다 잡을 수 있다고 여긴다. 그린 뉴딜은 GDP 성장 없이는 서민복지, 의료, 교육 등의 예산을 확보할 수 없다는 입장이다. 더불어 신재생 에너지 산업 일자리 창출은 물론이고 화석 원료 기반 굴뚝경제와 이를 지탱하던 산업 노동자들을 재훈련하고 재배치해 직업 이동의 연착륙을 꾀하고자 한다.

유럽의 그린 뉴딜 생태주의자들은 기후 위기 대처를 위해 정부의 역할과 함께 지역공동체를 주축으로 기존과 다른 대안적 소유 방식의 확산을 요청한다. 이는 생태 공유자원의 자율 관리 흐름과도 그 궤를 같이한다. 전통의 공적 혹은 사적 소유 방식을 넘어서서 공동체 소유, 사회적 경제 소유, 협동조합 소유 등 에너지 자원의 자율적 관리가 가능한 시민 자율의 소유 방식을 적극 권고한다.

덧붙여, 페미니스트 그린 뉴딜 국제 연대체가 제기하는 새로운 내용(「A Feminist Agenda for a Green New Deal」) 에는 지구 자연의 중요한 거주자이기도 한 토착 원주민들의 그린 뉴딜 권리와 환경 관리 주도권 인정, 지구 기후 위기의 실제 당사자인 미래세대의 주도권 존중, 여성을 위한 기후 정의와 생명 자유와 신체 재생산 착취에서 여성 권리 보장 이 타당하게 제기되고 있다.

## 성장과 발전이라는 종교

그린 뉴딜의 주요 테제들이 물론 완벽한 것만은 아니다. 우 선은 여전히 GDP 등 '성장'지수를 가장 중요한 수치로 고 려하면서, 장기적으로 발전과 성장의 또 다른 심각한 병폐 들, 예컨대 자동 알고리즘 기계에 의한 노동과 사회 통제, '전자쓰레기'의 생태 파괴, 대체에너지의 잠재적 공해 효과 등을 간과하는 측면이 있다. 무엇보다 GDP 수치에 기댄 성 장 측정은 자본주의 사회에서 거의 누구에게나 '일종의 종 교'가 되었고,[42] 그린 뉴딜 생태주의자들도 그 굴레에서 벗 어나기 어렵다는 점을 시사한다.

영국 그린 뉴딜의 급진적 논의조차 성장 지표로 GDP 를 금과옥조로 여기고, 탈성장론자를 이상주의적 급진 생태 분파로 홀대한다. 그린 뉴딜이 생태 전환적 테제로 흥미롭지만, 이와 같은 성장 지표에 의지하면서 까딱 잘못하면 '케인스주의'적 신생 환경에너지 업계에 기댄 국가 토목 사업으로 변질되는 것에 대한 우려감이 이는 것도 사실이다. 어렵더라도 '성장'과 '발전'의 대안적 사회 지표를 찾아야 한다. '성장'의 지표 대신 생태 지향적 공동선에 기반한 새로운 '공생'의 지표를 마련해야 한다.

그린 뉴딜이 구상하는 전환의 기획에 굴뚝경제 엘리트 집단의 저항이라는 변수를 과소평가하고 있는 것도 문제다. 글로벌 자본주의 경제를 이끄는 대부분의 파워 엘리트들은 여전히 화석 원료 경제 구도에 의존하고 있는데, 그들의 저항에 대비할 대응 전략이 그다지 없어 보인다. 게다가 첨단 IT 기업이 재생 가능 에너지 친화적이라는 근거 없는 판단 하에 기후 위기와의 연관성을 그리 심각히 따지지 않거나 아예 IT 산업 활성화가 그린 뉴딜에 이르는 길과 같다는 주장을 하기도 한다.

가령, 미국 사회학자 제러미 리프킨의 최근 그린 뉴딜 관련 진술을 보면, 그는 그린 뉴딜이 자신이 주장하는 "'제3차' 산업혁명" 시기 "디지털 네트워크 자본주의" 체제에서 **완성될 것이라고 보고 있다**(제러미 리프킨의 하이테크 신기술과 지구환경 사이의 상호 전제적 시각의 문제점은 이미 『한계비용 제로 사회: 사물인터넷과 공유경제의 부상』[민음사, 2014]에서 암시적으로 등장했고, 최근 그린 뉴딜에 관한 『글로벌 그린 뉴딜 : 2028년 화석연료 문명의 종말, 그리고 지구 생명체를 구하기 위한 대담한 경제

계획』[민음사, 2020년]에서 더욱 분명히 드러나고 있다). 공유경제나 디지털 자본주의가 사회 혁신, 지구 생태, 에너지 전환의 물질적 필요이자 전제인 것처럼 묘사한다는 점에서, 그가 하이테크 기술도 지닐 수 있는 또 다른 반생명·반생태적 부메랑을 무시하고 있는 것이 아닌가 하는 의구심이 든다.

과연 그린 뉴딜이 기술의 패러다임 전환과 관련해 어떤 긍정적 시너지를 낼 수 있을까? 당장은 에너지 효율을 높이는 기술개발에 응용될 수 있다. 에너지 효율성이란 에너지를 덜 쓰고 동일하거나 그 이상의 효과를 얻는 것을 뜻한다. 그린 뉴딜에서 에너지 효율의 기술 투자와 개발은 꽤 중요하다. 특히 수송, 건물, 자동차, 산업기계, 전자기기 등 공공시설과 사회 인프라에 에너지 효율을 높이는 기술 도입이 속히 이루어져야 한다.

국가별로 볼 때는 에너지 효율성 폭이 대단히 커서 미국에 비해 독일이 반절 더, 브라질이 한국보다 2배 더 에너지 효율성이 높기도 하다.[43] 물론 높은 에너지 효율성은 대체로 에너지 소비 비용 지출을 낮추면서 일시적으로 에너지 사용을 늘려 탄소 배출을 증가시킬 수 있다. 하지만, 이것이 적어도 그린 뉴딜의 저탄소 경제로 가는 전환적 전망과 맞물린다면, 에너지 효율과 대체에너지의 개발·투자 확대는 테크놀로지의 생태적 전망을 한층 넓힐 것이라고 본다.

## 지구 생태 전환을 위한 실험

그린 뉴딜은 '불타는 지구'를 구출하기 위한 응급 처방이자 세계 시민의 생태 실천적 슬로건이라는 점에서 매력적이다. 그린 뉴딜이 자본주의의 지구 생태 파괴적 플랜 A를 바꿀 유연한 플랜 B를 상정하고 있다는 점에서 더욱 그렇다. 하지만 여전히 성장과 발전에 대한 모호한 지점들이 있다. 무엇보다 기술에 대한 궁극의 전망도 불투명하고 때로는 IT 문화 전반에 대한 근거 없는 낙관론에 머무르는 경우가 흔하다.

그렇다면 그린 뉴딜 같은 플랜 B를 일종의 단계적 징검다리로 삼으면서도, 궁극적으로 지향할 플랜 C의 장기 구상이 동시에 필요하지 않을까?(플랜 A·B·C라는 지구 생태 전환적 체제에 관한 은유는 이탈리아 커먼즈 이론가인 마시모 데 안젤리스의 『공통의 모든 것Omnia Sunt Communia』의 비자본주의적 커먼즈 구상과 관련된 체제 대안 구상 논의에서 빌려왔다) 본질적으로 성장과 발전 패러다임의 극복 없이는 또 다른 형태의 지구 위기가 반복될 수밖에 없다. 이는 인간이 만드는 테크놀로지 자체에 대한 전면적 생태 전환과 관련된다.

오늘날 '그린 뉴딜' 의제는 당장의 지구를 살리자는 꽤 효과적인 목표값을 제시하는 지구 생태 전략이라는 점에서 현실주의적 실천 의제가 될 공산이 크다. 우리도 지금까지의 기후 위기에 대한 미온적 태도를 버리고, 실제적인 환경 정책의 일환으로 '그린 뉴딜'과 같은 급진적 생태 전환 플랜

을 마련해야 한다. 또한 공생공락의 생태 지구를 위해서라
도 생명 평등주의에 기댄 기술 대안의 국가 백년대계를 세
워야 한다. 빅데이터, 인공지능, 플랫폼 등 '제4차 산업혁명'
의 요소 기술들이나 이를 위해 만들어진 소위 '혁명위원회'
도 업계 소위원회를 위한 메가폰 기능을 멈추고 생태 전환
에 의거해 전면 재배치되어야 한다. 그래야 우리도 살고 지
구도 산다.

## '스마트 시티'에서 '공유 도시'까지

역사적으로 서울이라는 거대도시와 테크놀로지의 결합 방식은 어떠했을까? 1990년대는 단연 정보통신 인프라 설치로 인한 도시의 풍광 변화를 꼽을 수 있겠다. 정부 주도의 정보통신 인프라 구축 붐은 국내 디지털 환경을 일으키는 데 큰 공을 세웠다. 반면 그 흐름은 부동산 투기와 프리미엄 지대 상승을 부추기면서 사적 욕망을 키우는 데 쉽게 동원되기도 했다. 도시개발 논리에 정보통신기술이 쉽게 접붙었던 것이다.

가령 중앙정부가 직접 나서서 수도권 '명품' 아파트 입주를 위한 프리미엄 조건으로 '초고속 정보통신 선물 인증

제도'를 이때 도입했다. 정부가 참여 건설업자와 함께 광통신망 설비 인증제를 내걸면서 초창기 인터넷 가입자를 급속히 늘려 민간 정보화 촉진 효과를 크게 거두기도 했다. 더불어 이는 건설업 부양과 함께 아파트에 프리미엄 가격 거품을 덧대는 원인이 되었다.

　최근까지도 초고속 인터넷망 등 물리적 정보통신 인프라 구축은 도시 속 정보의 끊임없는 흐름을 만들어내며 경제적 부가가치를 창출하는 전자 도관導管처럼 취급된다. 굳이 이름을 가져다 붙이자면, 이는 '네트워크 도시'나 '디지털 도시'의 도시 기획에 해당한다. 2000년대 후반 무선 이동통신이 강조되던 시절에는 '유비쿼터스 도시'라는 후속 개념이 잠시 흥행하다 사라지기도 했다.

　근자에는 '스마트 시티', '메이커 시티', '공유 도시' 등 여러 테크노 도시 신조어가 우리 주위를 배회한다. 테크노 개념을 동반한 도시설계와 정책이 근래 더 많아지는 추세다. 테크놀로지가 일상 공간의 범용 설계나 구조와 쉽게 합쳐지면서 그 자체가 도시민 생활의 중요한 전제조건이 되어가고 있는 상황이 한몫하고 있다. 그 어느 때보다 도시설계와 테크놀로지 사이 밀도가 높아진 현실 변화를 반영하고 있다.

　당연히 신생 테크놀로지의 가용 잠재력이라는 측면에서 도시민의 더 나은 삶을 위해 기술혁신 효과를 충분히 활용하는 일은 중요하다. 문제는 최근 도시설계 기획들이 그리 검증되지 않은 기술만능주의에 기댄 '첨단' 효능에 더욱 의존하려 한다는 데 있다. 다시 말해 시민의 더 나은 삶을 위해 테크놀로지를 어떻게 장착해야 할지에 대한 충분한 숙고 없이 테크노 도시 기획들이 진행되면서 도시인의 삶에 독이 되는 경우가 흔해졌다.

## 서울의 위험한 테크노 도시 기획

몇 년 사이 서울시에서 추진해왔던 도심 테크놀로지 대형 사업들 중 굵직한 사례 몇 가지만 잠깐 훑어보자. 특히 '스마트 시티', '메이커 시티', '공유 도시'로 명명된 테크노 도시 기획들은 신생 테크놀로지의 기술적 효능이 직접적으로 도시 문제 해결사가 될 수 있다는 위험한 환상까지 심어주고 있다.

　　우선 을지로와 청계천 일대, 특히 세운상가를 중심으로 한 '다시세운 프로젝트'를 아우르는 도시재생 기획을 살펴보자. 적어도 이 도시재생 기획은 신기술과 도심 제조업 간의 결합적 시너지를 유도한다는 목적에서 보자면 나름 긍정적 의미를 지니고 있다. 하지만, 현실은 고개를 갸우뚱하게 한다. 을지로 일대 구도심 제조업의 침체 상황을 지역 강제 재정비와 하향식 신기술 투입으로 돌파하려 하기 때문이다.

　　요컨대, 제4차 산업혁명 요소 기술인 '하드웨어 코딩' 제작의 산학 실험실로 (구)세운상가가 용도 변경되고 있나.

이른바 '메이커 시티' 혹은 '스마트 팩토리 시티' 등 제작도시형 개발 논리로 재탄생하고 있는 것이다. 반면, 도시재생 기획의 중심이 신생의 첨단 메이커 세운상가 단지로 쏠리면서 주변 을지로 일대는 재개발 과정에서 대부분의 제조업 장인들이 강제로 퇴출되거나 그나마 살아남은 일부 장인들은 일종의 박제화된 '골목관광 특구' 같은 보호지대에 머물며 간신히 명맥만 유지하는 신세다. 결국, 신구 테크놀로지의 순환적 생태계 구상의 도시 기획은 온데간데없고, 신기술 중심 논리 아래 장인들의 삶과 일터는 구색처럼 취급되어 곧 스러질 것처럼 된 듯하다.

다음으로 2기 '공유 도시' 사업을 마무리하는 서울시 도시 전환 정책 기획을 살펴보자. 애초 이는 제4차 산업혁명의 선도 요소인 '공유경제' 모델을 도시 문제 해결이나 사회혁신 방식으로 끌어오려는 공적 의도를 지닌 참신한 도시 기획이었다. 하지만 실제로는 '공유 서울'의 핵심 사업 내용이 인형, 옷가지, 주차장, 잠자리, 자동차, 공터 등 유휴 자원을 나누는 플랫폼 중개 사업체와 단체를 선별해 홍보하고 매년 소규모 지원하는 정책으로 축소되었다.

무엇보다 공유 도시 설계의 문제는 사회적 호혜와 무관한 도시 자원 '공유'에 대한 불철저한 기능주의적 접근에서 불거졌다. 시간이 갈수록 '공유 도시' 사업이 자원 배치의 주류 플랫폼 경제 모델이나 주류 시장의 플랫폼 스타트업 지원 사업 정도에 머물렀다. 유휴 자원을 중개하는 효율

적 기업 행위만 중요하게 보면서, 그것이 일으킬 수 있는 시
장 약탈과 분배 불평등 등 공유 플랫폼 문제까지 살필 여력
이 없었다.

자연히 이 정책은 공공성 실현이나 증여 문화 확산과
는 거리가 멀다는 비판이 일 수밖에 없다. 도시 공유 플랫폼
의 사회적 가치 확산을 위한 기획을 신중하게 짜야 함에도,
섣부르게 서울시는 이미 시장 실패를 야기하고 있는 신흥
플랫폼 모델을 옹호한 꼴이 되었다

다행히도 서울시는 정작 시민 간 협력이 빠져 있는 공
유 도시 정책 사업의 한계를 인정하고, 공유 도시 사업의 재
점검을 통해 좀더 시민 주도의 '공유'적 가치를 담는 도시
정책으로 선회하려는 움직임을 보이고 있다. 예컨대, 그 변
곡점에는 2019년 10월 1일 서울혁신파크에서 개최된 '미래
혁신포럼: 공생공락의 도시 커먼즈를 위하여'의 국제 콘퍼
런스와 관련 부대 행사가 있었다. 이 행사에서 대표적인 국
내외 커먼즈 이론가와 시민 활동가들이 함께하면서 기존의
공유 도시 접근법에 대한 한계를 넘어서기 위한 기본 합의
를 이루었다.

서울시는 물론이고 중앙정부 차원에서 과도할 정도로
힘을 주고 있는 '스마트 시티' 기획은 좀더 직접적으로 첨단
테크놀로지 기반의 도시설계 구상에 기대어 있다. 과거에
비해 도시 공간을 구성하는 빅데이터, 플랫폼, 인공지능, 자
율자동차 등 첨단 테크놀로지의 강렬도가 깊어지는 측면을

예상해본다면, 이것을 구축하기 위한 열의는 이해하기 어렵지 않다. 다만 놓치지 말아야 할 점은 신기술을 매개한 도시 설계의 구체적 철학이나 방법론이 없는 도시계획 구상이 또 다른 시장 부양의 조급증이나 신종 발전주의 욕망으로 연결될 수 있다는 데 있다.

오늘날 스마트 시티 개념을 적극 활용하는 대표 주자가 인도와 중국이라는 점도 상징적이다. 이들 국가의 '스마트 시티' 구상은 첨단 정보통신 기반시설 구축을 통해 대도시 중심의 경제 재도약을 꾀하는 개발 정책과 다름없다. 이들의 구상에서 대도시 빈곤이나 불평등 이슈는 부차적 지위에 머문다.

그나마 다행히도 국내 스마트 시티 논의는 좀더 지켜볼 만한 여지가 있다. 서울시는 스마트 기기가 시민의 일상이 되면서 이를 활용해 도시 문제를 해결하는 소위 '스마트 시티즌'의 능동적 참여를 강조하기도 한다. 그렇지만 우리의 스마트 시티 설계에 독특한, 소위 '시민 주도', '시민 중심', '시민 참여' 도시 기획의 구체적 내용이 무엇인지 여전히 불투명해 보이는 것도 사실이다.

가령 '시민 참여' 성격을 데이터 공유 앱 제작 공모나 동네 미세먼지 측정용 키트 제작 워크숍 참가 정도에 둔다면, 과연 이것이 시민의 온전한 도시 권리 신장이라 할 수 있을까? 스마트 테크놀로지 효과에 쏠린 '시민 참여'는 늘 이렇게 우리에게 불편한 물음을 던질 수밖에 없게 한다.

## 도시권과 테크놀로지

서울시의 테크노 도시 기획 사례들은 애초 의도와 다르게 도시 삶의 질적 제고를 성취하기보다는 기존 우리 사회가 지녔던 일상적 편견과 삶의 모순을 또다시 재생산하는 경향이 크다. 공적인 사회 기획 아래 구사되는 도시형 테크놀로지 도입은 아직도 기존의 질서나 상황을 벗어날 수 있는 단서가 되기보다는 그저 지금의 권력 관계를 공고히 유지한 채 잘해야 기술 편리나 대민對民 서비스 기능 향상만을 제공하는 데 머무른다.

게다가 스마트한 기술의 단기 응용이나 임시 처방만을 손쉽게 가시적 성과로 삼는 도시 기술 지원 정책도 문제다. 도시 문제의 근원을 살피고 숙의 과정 속에서 기술의 도시 환경 속 적정 지위를 찾는 힘든 여정보다는 대부분 우리는 신생 테크놀로지를 동원한 단기 미봉책이나 도시 조경 속 기술미학적 가시 효과에 쉽게 유혹당하기 일쑤다.

결국 메이커 시티, 공유 도시, 스마트 시티는 서로 결이 다른 서울의 도시 기획이지만 테크놀로지를 보는 시선이나 적용 방식과 관련해 보자면 서로가 많이 빼닮았다. 비록 의도하지 않았더라도, 세련된 도시형 테크놀로지는 도시의 지대 가치 상승 효과는 물론이고, 불공정 플랫폼 시장 질서 확대, 시민의 '도시권right to the city' 보장 없는 정체불명의 '스마트 시티즌' 거품을 낳고 있다. 자칫 잘못하면 애초 신기술 도입으로 얻고자 했던 정책 목표와 달리, 신기술이 도시의 공적 기능과 역할 상실에 일조할 수도 있다.

상품화된 질서 안으로 모든 일상의 가치를 표준화하는 대도시의 삶에서, 도시설계를 위한 테크놀로지의 공적 역할은 적어도 이를 이완하거나 개선하는 매개체가 되어야 하는 것은 아닐까? 도시 공공 디자인과 테크놀로지 설계에 대한 비판적 전환이 필요한 시점이다. 가령 테크놀로지와 접합된 도시 디자인이 단편적 편리나 이윤 가치를 넘어서서 이 병든 도시를 치유하고 우리가 쉽게 간과하는 사회적 공생의 감각을 찾는 데 기여할 수는 없을까? 그 새로운 도시설계가 소외되고 부초처럼 부유하는 힘없는 타자들과 실격자들을 품을 수 있는 추동력이 될 수는 없을까? 이런 비판적 질문 속에서 도시형 테크놀로지의 공적 위상을 찾아야 한다.

## 도시의 주인은 누구인가?

도시에서 살아가는 시민의 권리가 '도시권'이라고 본다면, 테크놀로지는 도시의 삶을 구성하는 타자와의 포용적이고 호혜적 가치를 만들어내는 도시권 확장에서 그 쓰임을 찾아야 한다. 이는 '스마트 시티즌'으로 호명되는 공모 과제형 혹은 문제 해결형의 헛똑똑한 시민 양성과는 질적으로 다르다.

적어도 야만의 도시 그림자를 벗어나려면, 첫째, 테크놀로지 변수가 도시 재개발이나 사적 수단으로 남용되는 상

황을 막아야 한다. 그러자면 규모가 큰 공적 도시설계나 디
자인에 기술영향평가를 도입해 실시하고, 과학기술 전문가
와 시민사회의 감독과 관여가 필요하다. 예컨대 테크놀로지
가 만들어내는 디지털 플랫폼 노동, 인공지능형 데이터 알
고리즘 서비스 체제, 첨단 정보통신 혁신 지구 구축 등 직접
적으로 도시 경관 속 테크놀로지 도입과 배치가 시민들의
일상과 삶에 큰 영향을 미치는 도시 디자인 기획이라면, 처
음부터 이에 대한 정밀한 진단이 필요하다.

둘째, 이제부터라도 신흥 테크놀로지로 부양된 대도
시 건설의 발전주의적 사고를 털어내야 한다. 테크놀로지의
낡음과 새로움을 따지거나 여기에서 발생할 수 있는 부동산
지대 욕망을 억제하는 대신 도시공동체가 먼 미래까지 살아
남을 협력과 호혜의 가치를 도시설계의 중심에 두어야 한
다. 그러려면 테크놀로지를 도시 생태에 조응해 어떻게 설
계하거나 배치할 수 있을지에 대해 집중하는 것이 필요하
다. '도시의 주인은 누구인가?'라는 출발점에 서서 시민의
테크노 도시권을 어떻게 확대할 수 있을지 곰곰이 따져 물
어야 한다.

셋째, 시민 도시권을 신장하기 위해서는 시민들 자율
의 도시 자원 생산과 협력 관계 구축, 즉 '커먼즈'의 구현 방
식을 고민해야 한다. 도시 '커먼즈' 확산은 도시 속 새로운
기술혁신 모델을 고안하려는 지혜와도 연결된다. 예를 들어
보자. 시민들의 끊임없는 디지털 소통은 수많은 낯선기업에

의해 흡수되지 않는, 시민 공동의 데이터 공유자원을 만들어
내고 있다. 시민들에게 데이터 공동관리라는 목적의식이 생
기면, 이는 이전과 다른 더불어 사는 삶의 자세를 추동한다.

　또한 공동 자원을 함께 관리할 호혜적 커뮤니티 시스
템을 촉진하는 일이 도시 디자인 구성에 중요해진다. 즉, 매
일 일상적으로 생성해내는 공동의 데이터와 콘텐츠를 어떻
게 시민들을 위한 도시 공동 자산으로 만들 것인가, 공동 자
원의 이용에서 이윤이 발생한다면 이를 어떻게 평등주의적
으로 나눌 것인가, 이를 구현할 민주적 플랫폼은 과연 어떤
모습으로 가능한가 등 여러 실천적 물음을 이끌어낸다.

　이제 도시설계의 상수값이 된 테크놀로지의 위상에 대
한 인식론적 전환이 그 어느 때보다 간절하다. 단순히 시민
들이 얻을 수 있는 공간 편리와 도시 경제 활성화 기능은 물
론이고, 도시 거주민들의 협력과 공생 감각을 키우는 데서
테크놀로지의 주된 역할을 찾아야 한다. 도시설계에 투입되
는 테크놀로지의 공적 위상은 표준화된 상업도시와 자본주
의 욕망의 강렬도에 묻혀 사실상 우리가 거의 잊은 채 살아
왔다. 이제 그 초점은 경쟁과 배제의 도시가 아니라 더불어
협력해 사는 '포용 도시'로 전환하는 일과 연관되어야 한다.
이제부터라도 시민 공동의 부를 확보하기 위해 도시 문제
상황에 신구 테크놀로지를 적절히 결합해 우리 스스로 '사
회공학' 실험을 과감하게 도모해야 할 때다.

제

4

장

코로나19

팬데믹과

인포데믹

## 지구촌의 '코로나19 전쟁'

신종 코로나바이러스감염병(코로나19)이 사회의 거의 모든 시스템 작동을 오랫동안 멈춰 세우고 있다. 1918년 유럽을 휩쓸었던 '스페인 독감'이 20세기 바이러스 감염의 대표적 재난이라고 언급되지만, 최근에 이만큼 큰 영향력과 무력감을 안긴 감염병의 재앙은 쉽게 떠오르지 않는다. 코로나19로 인한 재난 상황은 국경을 폐쇄하고 이동을 제한하는 행위로는 그 속도와 여파를 따라잡기 힘들 정도로 지구촌 전체를 무기력 상태에 빠뜨렸다. 세계보건기구WHO는 지구촌 바이러스 감염 상태의 최고 등급인 '팬데믹pandemic(세계적 대유행)'을 선언했다.

　문제는 코로나19와 같은 미생물 전염 바이러스의 전
파 주기나 양상이 더 잦아지고 영향이 갈수록 파국적이라
는 데 있다. 현재진행형의 코로나19를 비롯해 2003년 사스,
2009년 신종플루, 2015년 메르스 등만을 보더라도 불과 십
수 년 사이 우리는 바이러스 감염병의 쓰나미를 제대로 맛
보고 있다. 전 지구적 감염병 위기는 자본주의의 무차별한
자연 개발, 생명과 환경 파괴, 공장식 가축 농장의 비윤리적
사육 방식, 야생동물 식용 거래 등에 기인한 바 크다.

　직접적 원인이 정확히 밝혀지지 않았으나, 많은 전문
가는 코로나19를 인간의 생태 교란과 동물 서식지 파괴로
인간과 동물 사이 접촉면이 늘어 생긴 '인수공통감염병'의
일종으로 보고 있다. 즉, 자연 파괴로 인해 야생동물 개체수
가 줄어들면서 바이러스 스스로 인간과의 밀집 환경 속에
적응해 자가 변이를 일으키고 인간을 새롭게 숙주로 삼고
있다는 관측이 일반적이다.

　안타깝게도 아직은 그 시작 단계라 코로나19가 반생
태적 재난이라는 사실이 그리 크게 각인되지 않고 있다. 가
령 중국 시진핑習近平 주석은 이미 여러 번 자국 내 '코로나
19 전쟁'에 대한 승리를 과신하며, 그로부터 어떤 반성의 기
회를 삼는 일과 무관하게 움직여왔다. 그는 중국 내 감염 상
황이 완화되는 시점에 칭화대학 의학원을 시찰해 인공지능
과 빅데이터 등 중국 과학기술의 선진력을 총동원해 코로나
19 바이러스 감염원과 경로를 밝히라는 지시를 내렸다. 이

어 중국공산당 이론지『추스求是』(2020년 3월 15일)에 게재한 '전염병 예방과 통제 싸움에서 승리하기 위해 강력한 과학기술을 지원한다'라는 기고문에서, 시진핑은 바이러스 발원지 역학조사와 경로 추적을 위해 첨단 신기술 활용을 재차 독려했다.

시진핑 주석의 이와 같은 잇단 행보를 두고 바이러스 감염 발원 원인이나 책임 소재를 흐리기 위한 계산이라는 중국 내 언론들의 진단이 나오고 있다. 이를 논외로 치더라도『추스』에 실은 그의 낙관적 기술관은 꽤 흥미롭다. 글 한 대목이 크게 눈에 띈다. "인류의 역사에서 과학기술은 인류 질병과의 전쟁을 위한 가장 강력한 무기이며, 주요 재난에 대한 인류의 승리는 과학 발전·기술혁신과 분리될 수 없다"는 격문투 문장이다.

이 대국의 지도자는 놀라우리만치 큰 고민 없이 과학기술 숭배의 깃발을 들고 지금의 재난 위기를 뛰어넘으려 한다. 생태 파괴와 연관된 감염 문제의 본질을 따지거나 수많은 인민의 허망한 죽음에 대한 진지한 물음 대신에 인공지능과 빅데이터 등 첨단기술의 해결 능력을 칭송하는 일이 되풀이되고 있다.

## 기술 '신천지'의 신기루

어디 중국뿐이랴. 서구에서도 이미 인터넷 기술은 은유적

가상공간으로 묘사되면서 현실 삶의 모순과 어려움을 벗어
나는 기술 혁명적 출구이자 번영의 미래로 늘 선전하지 않
았던가. 빌 게이츠는 오래전 『미래로 가는 길』에서 인터넷
기술이 우리에게 가난과 전쟁, 슬럼화와 불평등의 벽을 깨
고 소위 '마찰 없는friction-free' 자본주의라는 새로운 '신천
지'를 선사할 수 있다고 허언虛言한 바 있다.[44]

　일부 미국 캘리포니아의 자유주의 히피 세대들은 '사
이버공간'의 탄생을 그들이 그리던 영성 혁명을 꾀할 계기
로 삼기도 했다. 서구에서 이렇게 디지털 기술은 현실의 구
질구질한 땀내, 병균, 바이러스, 가난, 질병, 전쟁 등 현실이
만들어내는 성가신 '접촉'의 굴레에서 깨끗이 결별하고 탈
출할 수 있는 기술적 해법으로 줄곧 상상되었다.

　우리는 어떨까? 적어도 인터넷 기술은 사회사적 사건
들을 확대 재생산하고 오프라인의 특정 정치적 사안들의 민
주적 소통을 활성화하고 공론화하는 데 크게 복무했다. 다만
2010년경부터 스마트폰의 급속한 확산이 이루어지기 시작
하면서 그 양상이 크게 달라지고 있다. 즉, 스마트폰이 우리
신체에 미치는 강렬도가 깊어지면서 우리도 디지털 공간을
이른바 현실의 도피처로 삼거나 알고리즘적 문화 소비와 취
향의 소소한 일상에 자기 자신을 스스로 가두기 시작했다.

　사회적 약자나 타자에 대한 관심에 이끌리는 대신 소
셜미디어 속 감정과 정서 소모에 익숙해져간다. 그로부터
얼추 10여 년이 흐른 오늘 코로나19는 또 한 번 바이러스 감

염을 통해 타자 혐오와 공포를 증폭하고 있다. 현실의 신체 격리만큼 각자의 디지털 격자格子 안에 갇히는 상황을 다시 강화하고 있다.

대감염의 지난한 현실에서 과연 우리는 이미 종교가 된 기술 숭배와 얼마나 다른 모습을 취할 수 있을까? 적어도 한국은 이미 선제적이고 꽤 공격적인 방식으로 코로나19 조기 진단과 차단, 감염 확진자 동선 파악과 투명한 정보공개, 정부와 제약업체의 공조하에 빠른 코로나19 진단키트 기술 개발과 현장 보급 등을 이루면서 나름 체계적인 방역 대책을 모색하는 듯싶다.

우리 일상 속 기술의 쓰임새와 의미도 코로나19 발생 이전보다 비접촉 소통 방식을 강화하고 있다. 자연스레 물리적 대면보다는 마스크 착용과 '사회적(물리적) 거리 두기'가 바이러스 감염을 막는 필수요건이 되고 있고, 그 어느 때보다 스마트 기술로 매개된 '비접촉' 관계가 점점 자연스러워지고 있다.

## 감염 공포와 비접촉의 사각지대

코로나19 감염이 지속되면서 우리의 디지털 세계는 여러 양상이 교차한다. 시민들이 자발적으로 만든 감염자 추적 지도, 공적 마스크 재고 현황 알리미, 코로나19 알리미, 질병관리본부와 지자체가 제공하는 감염원 지도와 확신사 동선 안

내정보 등 나름 의미 있는 기술의 쓸모가 눈에 띈다. 물론 이
것도 실시간 데이터 업데이트, 정보 정확도, 접속 안정성 등
미진함을 드러내고 있긴 하다.

반대로 '인포데믹infordemic'이라 불릴 정도로 보수언
론의 온갖 바이러스 공포 조장과 인종 혐오에 기댄 가짜뉴
스 재생산은 여전하다. 공적 마스크 도입 이후에도 일부 사
기 행각과 폭리를 취하는 간악한 모리배들이 여전히 들끓고
있다. 그 무엇보다 청와대 온라인 청원 게시판은 문전성시
다. 신천지 예수교회의 해체 청원, 친중 행보라는 근거 없는
이유로 문재인 대통령 탄핵 청원, 이를 반대하는 탄핵 반대
와 게시글 삭제 청원, 중국 입국자 금지 청원 등이 넘쳐난다.

코로나19 확산 여파로 서울 광화문광장 등 공공장소
의 집회가 전면 금지되고, 시민사회는 온라인 집회나 회합
으로 돌아선 지 오래다. IT 기업이나 전문 직종 중심으로 재
택 노동도 늘고 있다. 초·중·고등학교는 물론이고 각급 대
학들은 개학이 계속해 늦춰지면서 온라인 수업이 필수가 되
고, 교육자와 학생들도 모두 원격 화상회의와 온라인 강의
플랫폼에 적응하느라 어수선한 시간을 보내고 있다.

감염병으로 인해 이렇듯 물리적 비접촉과 격리가 일상
이 되면, 더욱 스마트한 기술로 매개된 삶이 중심에 설 것이
다. 그럴수록 디지털 기술의 사회공학적 설계나 적용에 주
의를 기울여야 한다. 기술이 사회 설계에 들러붙어 고착화
할 확률이 높은 까닭이다. 이미 사회적으로 문제 징후가 하

나둘 불거지고 있다. 확진자의 동선을 드러내는 과정에서 특정 개인정보가 여과 없이 털려 손쓸 수 없게 되는 등 정보 인권 침해가 늘고 있다.

플랫폼 배달과 택배 노동이 물리적 거리 두기의 간극을 메우면서 노동자들 자신이 감염 위험과 과중한 배송 업무의 '이중고'에 점점 노출되고 있다. 방역을 위해 가정에서 온라인 학습을 권고하면서 저소득층 자녀들에게 인터넷 접속은 아예 넘기 힘든 산이 되고 있다. 대부분의 방역 시스템이 온라인과 연동되면서 이에 익숙하지 않은 독거노인 등 취약계층에 온라인 접근성은 딴 세상 이야기다.

코로나19 상황은 근본적으로 우리에게 반생태적 삶의 반성을 재차 촉구하면서 동시에 우리 스스로 그리 관심 갖지 못했던 주위 동료 시민들을 돌아보게 만들 수 있는 계기가 된다. 닭장처럼 밀집된 장소에서 촘촘히 관리되는 동시대 콜센터 감정노동자들, '잠시 멈춤'이 불가한 일상의 수많은 배달과 물류 서비스 노동자들의 삶을 좀더 주목하도록 한다. 더불어 사회적 돌봄의 공백과 방치 상태에 놓인 약자, 공적 마스크 접근조차 불가한 70여 만 명의 난민과 이주노동자, 그 외 단기 체류자들도 우리 주위에 존재한다는 사실을 재차 확인시켜준다.

코로나19 감염과 관련해 우리의 기술은 누구든 재난 정보와 생존을 위해 전자 접속이 가능하고, 서로 도움을 주고받을 수 있고, 노동에 과부하가 걸리는 일을 막고, 필요 이상의 개인정보 노출을 경계하는 등 기술 인권 신장에 좀더 집중해야 한다. 가령 택배와 배달 노동자들에게 긴급재난지원금 지원은 물론이고, 대면결제 대신 사전 카드 결제 권장, 차별 없는 마스크와 손 소독제 지급, 1인 온라인 주문 중량 제한, 배송 차량 방역이나 배송 확인용 단말기 소독, 확진자나 격리 환자 발생과 동선·거주 여부에 대한 업체의 신속 공지 등 재난 상황에서 소외되기 쉬운 기본 노동권 마련이 이루어져야 한다.

일상에서 기술은 감염병에서 소외될 수 있는 이들과 사회적으로 연대하고 결속하려는 정치학에 기여해야 한다. 지금과 같은 재난은 약자에게 가혹하고, 감염 공포가 약자 차별로 번지는 경향이 크다. 바이러스 감염이 국적과 지위를 초월한다고는 하나, 피해의 영향력은 그 누구보다 가난한 이들과 소외된 곳들에서 좀더 내상이 깊고 치명적이다. 대구의 신천지 예수교회 청년들과 서울의 구로구 콜센터 집단감염은 이의 극적 사례다.

'접촉' 공포로 인한 기술만능주의를 경계하고, 오히려 전자적 소통을 매개해 사회적 타자와 결속을 확대하는 노력을 강구해야 한다. 이미 캐나다의 토론토 등지에서는 지역 온라인 커뮤니티와 해시태그를 활용해 코로나19로 위기에 처한 동료 시민들의 도움 요청을 받고 이를 돕는 시민들의 자발적인 돌봄 네트워크가 늘고 있다. 이른바 코로나19 '돌봄 자원자들caremongers'이 지구촌 지역사회 곳곳에서 서서히 증가하는 추세라고 한다.

　대구·경북 지역의 재난을 막기 위해 전국 각지에서 시민들이 보여준 적극적 연대 행위도 이와 크게 다르지 않다고 본다. 대감염 상황이 장기 국면에 접어들면 자연스레 인간 상호 신뢰와 관계의 밀도를 약화시키는 경향도 함께 늘 것이다. 장기화된 감염과 방역 피로감으로 인해 놓칠 수 있는 사회적 약자들과의 연대는 그래서 민관 모두 함께 이루어야 할 일이다.

　대감염의 시대, 스마트 기술 능력에 대한 과신은 자칫 자동화 사회와 기술 예찬으로 흐르기 쉽다. 일례로, 『뉴욕타임스』 기상팀이 코로나19가 확산되었던 중국 춘제春節 전후로 시계열(2014~2020년) 탄소 배출 그래프를 그려 발표했다.[45] 이 그래프는 지구 생태의 조건과 관련해 중국에서 감염 상황이 수많은 공장과 석탄발전소 일부 시설을 멈춰 세우면서 본토는 물론이거니와 한반도의 대기질 향상을 확인해주었다. 역설적으로 이 그래프는 우리에게 지금과는 전혀 다른 생태 지구를 상상할 수 있는 중요한 단초를 제공한다. 인류가 과도한 생산과 소비 활동의 규모를 줄일 때만 지금과 같은 생태 위기에서 벗어날 수 있다는 자명한 사실 말이다.

기술 숭배 논리가 인류의 반생태적 재난들에 여러 원인 제공을 하고 있다는 점을 우리는 잊어서는 곤란하다. 단순히 기술로 비대면 효율성을 높이는 것 이상으로 반복될 유사 재앙 앞에서 사회적으로 배제된 이들과 함께 연대하고 생태 지속가능한 기술의 잠재력을 더 고민해 끄집어내야 한다.

# 안심밴드는
# 빅브러더가 될 수 있다

## '애국법'과 '자가격리자 안전보호앱'

2020년 5월을 기점으로 전 세계 코로나19 사망자가 30만 명을 훌쩍 넘겼다. 코로나19 방역 대응 방식에 따라 국가별 피해 규모에서 큰 차이를 보이고 있다. 해당국 정부의 리더십과 보건 당국의 방역 대처 방식, 공공의료 기반시설, 의료 장비와 음압 병실 등 의료 자원의 수급, 시민공동체의 공동 방역 대처, 감염 진단 테스트 능력, 접촉자 동선 추적 기술 등 국가별 대처 요인에 따라 코로나19 방역 효과가 다르게 나타나고 있다. 우리는 빠르고 공격적인 코로나19 진단 검사와 바이러스 확산의 조기 차단에 힘입어 전 세계적으로 성공적 방역 모델로 평가받고 있다.

문제는 모범적인 국가 방역 사례로서 사회심리적 중압감이 커지면서 감염 확산을 조기 차단하고 일상 '생활 방역' 체제로 돌아가기 위한 조급증에 있다. 그럴수록 좀더 강하고 효과적인 시민 통제장치들의 도입을 향한 유혹에 쉽게 빠진다. 감염병 비상의 '예외 상태'는 무리해서라도 이를 신속히 통제하고자 하는 국가 욕망을 부추긴다. 미국만 하더라도 9·11테러 이후에 소위 대테러 방지를 위한 '애국법'을 통과시켰고, 이를 통해 사회적 감시 체제를 전방위에 걸쳐 합법화하면서 인권 피해의 상흔을 곳곳에 남겼다.

오늘 코로나19 팬데믹이란 전 지구적 위기의 예외 상황에서 우리 국민의 생명 보호와 안전 논리가 사회 유지의 절대 명제가 되어버리면, 설사 어떤 장치와 제도의 도입이 인권침해 소지를 지닌다고 하더라도 묵인하거나 필요악으로 여기는 경우가 쉽게 발생할 수 있다.

각종 첨단 과학기술이 도처에서 감염병 방역의 해결사 노릇을 하고 있다. 바이러스 검진 기술, 살균이나 폐기물 운반 등 로봇 의료 장비 기술, 글로벌 감염 확산 예측 시뮬레이션 기술, 동선 파악 위치 추적 기술 등이 감염 위기 상황에 폭넓게 응용되고 있다. 무엇보다 코로나19의 빠른 확산과 전파 경로를 차단하기 위한 위치 정보 제공과 위치 추적 테크놀로지의 기능과 역할이 크게 주목받고 있다.

흔히 알려진 것만 해도, 자가격리자 위치 추적과 건강 상태에 대한 상시 모니터링을 위해 행정안전부가 개발·보급한 '자가격리자 안전보호앱', 시민이나 기업에 의해 제작된 공적 마스크 재고 현황 알리미, 확진자 이동 동선과 확진 분포를 안내하는 코로나19 알리미와 코로나 지도, 신천지 교인이나 근처 확진자 위치 알림 서비스 등 위치 기반 스마트폰 앱 기술들이 출시되어 쓰이고 있다.

## 기술 감시와 인권 보호

대감염 문제를 해결할 백신이 아직 부재한 세상에서 우리에게 기술적 해결책은 커다란 유혹일 수밖에 없다. 더군다나 강제 봉쇄 조치 없이 자유로운 신체 이동권이 허용되는 개방적 방역 통제 방식을 취하는 우리는 테크놀로지의 부작용과 위험을 알면서도 그 효능에 의존하기 십상이다. 2020년 2월경부터 시작된 감염자 동선 추적 과정에서 '○○번' 확진자의 방문 장소와 시간대 공개를 아주 구체적으로 명시하면서 사생활 노출 문제가 차츰 불거지기 시작했다.

3월에는 감염 공포가 좀더 확대되고 지역 확진자의 구체적 신상 등 필요 이상의 개인정보가 인터넷에 노출되면서 사회적으로 논란이 일었다. 특정 감염자에 대한 개인 신상정보 노출은 인권침해 요인과 함께 특정인에 대한 사회적 낙인찍기나 혐오를 조장하는 2차 피해를 동반했다. 더구나 지자체별로 서로 다른 기준을 적용해 확진자 동선 등 정보공개 수위에서 혼선을 빚거나 개인정보의 해석 범위가 달라 개인

식별이 가능한 정보까지 노출되는 경우가 종종 발생했다.

당시 방역 당국이 곧바로 정보공개 범위에 대한 지침을 내놓으면서 사태가 진정되는 듯 보였다. 하지만 감염병 위기 상황이 길어지면서 기술 억압의 밀도는 오히려 깊어지는 추세다. 4월 11일 정부는 급기야 방역 수위를 높여 더 논쟁적인 위치 추적 장치를 도입했다. 4만여 명 수준으로 늘어난 자가격리자 가운데 장소 무단 이탈자에 한해, 신체 위치 추적 장치인 소위 '안심밴드'를 자신의 동의하에 착용하도록 조처한다는 내용이었다.

기존 자가격리자 안전보호앱은 당사자 동의에 의해 설치되어 그 효과가 고르지 않고, 자가격리 중 위치 추적 스마트폰을 두고 다니는 이탈자도 발생해 위치 감시가 수월하지 않다는 점을 이 신생기술 도입의 근거로 삼고 있다. 정부는 '안심밴드' 도입 외에도 기존 자가격리자 안전보호앱의 기능도 일정 시간 사용중지일 때 동작을 감지하는 센서 기능 등을 추가하고, 물리적으로는 매일 전화 모니터링 확인이나 불시 점검을 더 강화하도록 하고 있다.

흥미롭게도 정부의 자가격리 무단 이탈자들의 '안심밴드' 도입에 대한 일반 시민 대상 설문에서 10명 중 8명은 '찬성'표를 던졌다. 비상사태 속 시민들의 사회불안 정서가 쉽사리 가라앉지 않고 있는 효과다. 비상시국에 공동체의 안전과 이것을 위협하는 잠재적 원인의 효율적 예방 관리는 아무리 강조해도 지나치지 않다.

하지만 범죄자가 아닌 일반 시민에게 위치 추적 장치를 착용하게 하는 일은 역사적 선례가 없는 인신구속의 치명적 감시 기제인 데다가 이렇다 할 법적 근거 없이 도입이 결정된 데 문제가 크다. 더군다나 자가격리 위반에 대한 강제 벌금 혹은 형벌을 통한 처벌 조항이 법리적으로 마련되어 있고, 강화된 자가격리자 안전보호앱 설치와 물리적 모니터링이 상시적으로 되고 있는 관리 상황인데도 이 논쟁적 기술이 도입되었다는 사실이다.

정부에 의한 '전자팔찌', '전자손목밴드'에서 '안심밴드'로 빠르게 순화된 공식 명칭 변경만큼이나 위법 논란이 큰 신체 결합형 위치 추적 장치를 도입한 것은 방역 조기 종식에 대한 조급증의 발로이자 시민들의 불안을 제도적으로 오용하는 효과와 다름없다. '안심밴드'와 같은 민감한 감시 기술의 도입은 당장에 신체 훈육과 구속의 인권침해 소지도 크지만, 장기적으로는 코로나19 이후 일상적인 대민 신체 통제 기법으로 흔해지거나 고착될 수 있다는 점에서 더 위험하다.

## 기본권을 침해하는 테크놀로지

국내 감염병 예방법에 따르면, 감염(의심)자 개인정보 수집과 위치 정보의 수집 범위나 정도가 보건 당국과 지자체 수장의 권한과 판단에 의해 전적으로 좌우된다. 중앙정부와 지자체는 감염자는 물론이고 감염 의심자나 접촉 의심자, 자가격리자까지 신용카드 사용명세, 진료기록부, CCTV 기록, 휴대전화 기록, 상세 위치 정보 등을 합법적으로 폭넓게 수집하고 활용할 수 있는 권한을 갖고 있다.

게다가 방역 당국은 기술적으로 이들 데이터를 폭넓게 수집해 통신사, 신용카드사, 경찰 시스템을 연계한 감염자 위치 정보 파악 시스템을 개발해 수 분 내 확진자 동선을 파악할 수 있는 분석 능력까지도 갖추게 되었다고 한다. 우리 사회의 감염(의심)자에 대한 초감시 능력은 국제적으로도 꽤 드문 경우라고 할 수 있다.

코로나19 감염이 확산일로에 있는 해외 많은 나라도 우리와 마찬가지로 비상사태를 맞이해 위치 추적 기술을 동원해 효과적으로 감염 통제력을 확보하려 하고 있다. 물론 국가별로 인권침해 논란이 큰 위치 추적 감시 기술 장치의 도입과 그 수위에서 정도의 차이를 지닌다. 기술적으로 우리보다 좀 느슨한 기술 적용의 사례로는, 싱가포르 정부가 개발한 '트레이스 투게더Trace Together'라는 확진자 추적 앱을 들 수 있다.[46] 이 앱은 65만 명의 자발적 가입자들 사이 근거리 블루투스 접촉의 자동생성 기록을 활용해 확진자 발생 시 전자 접촉 기록을 감염 역학조사 자료로 활용하고 있다.

타이완은 우리와 가장 유사한 기술 사례로 볼 수 있다. 즉, 자가격리자에 대한 철저한 위치 추적 앱 관리와 더불어 보건 당국에 의한 전화 감시 모니터링 체제를 도입하고 있다. 폴란드에서는 자가격리자가 자신의 위치 정보와 함께 인증 '셀피selfie(카메라를 팔 길이 또는 거울을 향한 상태로 자기 자신을 스스로 촬영한 사진)'를 수시로 찍어 방역 당국에 제출하거나 경찰의 긴급 순찰 방문에 응해야 한다.[47] 이스라엘은 정보기관인 신베트Shinbeit가 법원의 영장 없이 휴대전화 정보를 수집해 감염자 위치 추적을 시작했다.[48]

우리보다 훨씬 기본권 침해 소지가 더 크고 강압적인 기술 사례도 있다. 이미 홍콩 정부는 한국보다 먼저 자국에 입국하는 모든 이에게 전자손목밴드와 스마트폰 위치 추적 앱을 의무화했고, 자가격리 이탈 시에는 보건 당국과 경찰에 즉각 통보해 조처하고 있다. 중국 후베이성의 6,000만 명에 달하는 인구 관리는 이보다 좀더 전체주의적이다. 중국 정부는 후베이성에 대한 물리적 봉쇄 해제 이후에도 위챗Wechat 등의 도움을 받아 소위 '녹색건강코드 시스템'을 도입했다. 구체적으로는 주민들의 코로나19 확진 노출 위험군 정도를 녹·황·적의 스마트폰 관리 코드로 달리 매겨 이들의 거주 이동 자유를 엄격히 통제하고 있다.

많은 나라가 우리의 공격적인 진단키트 검사 방식을 앞다퉈 도입하려는 데 반해, 감염 동선 위치 추적 방식 도입에 대해서는 판단이 꽤 갈린다는 점을 상기해야 한다. 이탈리아와 프랑스 등은 기본권 침해 소지가 있지만, 우리의 효과적 방역 선례를 학습해 스마트폰 위치 정보를 활용한 감염자 동선 파악 방식을 적극 모색하고 있다.

반면 독일에서는 한국식 확진자나 접촉 의심자의 위치 추적 기술과 이동 동선 파악의 방역 활동 방식에 크게 회의적이다. 독일 정부는 위치 추적 기술을 근본적으로 개인 기본권 침해로 바라보면서, 화급한 방역과 생명 보호라는 위기 상황을 빌미로 기본권을 거래한다면 궁극에는 민주주의의 기초가 무너질 수 있다고 판단한다.

## '방역 모범국가'의 길

앞으로 코로나19 국면 속 생명 보호와 인권 보호의 딜레마에 대한 국가별 대처 방식과 능력이 한 나라 정치 수준이나 민주주의 성숙도를 측정하는 리트머스지가 될 것으로 보인다. 우리의 안정적인 방역 체제가 빛을 발하려면 이웃 나라들의 외부 시선에서는 잘 보이지 않을 수도 있는, 근본적인 인권 보호 원칙을 함께 담보해야 한다.

적어도 감염 재난 특별 조치나 명령 발동에 그 범위나 시기 제한을 명시하고 최대한 빠른 시일 내 종료할 것, 모든 국민이 그 내용을 인지할 수 있도록 최대한 많은 이에게 널리 공표하고 문서화할 것, 확진자와 사망자 등 감염 통계 정보를 정확하고 투명하게 공개할 것, 감염 정보 수집의 목적 제한 명시와 함께 개인정보 수집과 활용의 '최소주의' 원칙을 지킬 것, 감염(의심)자의 민감한 개인 식별 정보를 공개하거나 누출하지 않을 것, 감염 위기 종료 시 개인정보를 완전

파기할 것, 보편적 인권침해의 소지가 큰 감시 기술을 도입할 적에는 프라이버시 혹은 정보 인권 전문가를 포함한 관련 감독기관의 안전 지침 아래 제한적으로 활용할 것을 사회의 기본 원칙으로 삼아야 할 것이다.

감염병 위기라는 예외 상황이라 하더라도 이제까지 위치 데이터 추적 기술의 도입과 활용이 정보 인권과 공공의료 정신에 크게 위배된다는 점을 반박하기 어렵다. 생명 안전과 인권 사이 딜레마 상황이 오래 지속되면, 감염 인구 관리 통제와 효율성의 안전 가치가 인권에 앞서 위세를 부리고 당연시될 공산이 크다. 감염병 팬데믹이 새롭고 일반적인 전자 감시 권력의 사회 안착을 위한 명분이 되는 것은 우려할 만하다.

기술 숭배에 기댄 사회통제 논리의 확산을 막고 감염병 관리의 민주적 원칙을 세우는 차원에서라도, 감염 환자와 자가격리자의 정보 인권 보호에 소홀함이 있는지, 우리의 재난 대응용 기술 도입이 이웃 국가들에 비해 인권 측면에서 무엇이 문제인지, 시민 기본권을 보장하는 감염 재난 대응의 최선책이 무엇인지에 대해 시민사회 주도의 성찰적 논의가 필요하다. 진정 '방역 모범국가'의 타이틀을 우리 사회의 지속가능한 목표로 삼으려면 이제부터라도 방역 과정에서 다칠 수 있는 시민들의 기본권 보장에 대한 세심한 주의가 더욱 필요하다.

# '한국형 뉴딜'이
# 망각한 것들

## '유령 노동'을 양산하는 기폭제

코로나19의 확산과 함께 기술의 방향에 새로운 기류가 감지
된다. 대공황기와 유사한 세계 경기침체에도 아마존·구글·
마이크로소프트·페이스북·넷플릭스 등 소위 '빅테크Big
Tech(거대 정보기술 기업)'들의 주가는 급상승하고 있다. 사회
곳곳에서 비대면·비접촉 소비와 배달·유통 시장이 활황인
까닭이다. 온라인 쇼핑몰, 통신·문화 콘텐츠, 화상회의, 택배
배송, 플랫폼 노동, 음식 배달 앱 시장 등이 확대일로에 있다.

 이에 덩달아 비대면 자동화와 플랫폼 기술이 적극 도
입되거나 확산되는 추세다. 가령 '비대면' 소비를 일상화하
는 자동화 장치들이 이미 편의점과 식료품점 등의 무인 계산

대, 식당 등 접객 업소의 서비스 로봇, 배달과 택배 로봇, 무인 자동 시설, 자동 채팅봇 콜센터 등에 속속 배치되고 있다.

불과 코로나19 이전 시기만 하더라도 자동화는 사회적으로 큰 논쟁거리였다. 인공지능 자동화 추세가 노동자들의 대규모 '기술 실업'과 '노동의 종말'까지 야기할 수 있다는 우려로 인해 사회심리적 거부감이 일정 부분 있었기 때문이다. 하지만 이제 인공지능·로봇 자동화는 필수 의제이자 대세처럼 굳어져간다. 최근 우리 정부가 추진하는 공식적인 국내 경기 타개책인 '한국형 뉴딜'에도 대표 슬로건이 될 정도니 말이다.

코로나19 이전만 해도 기업들의 자동화 근거는 주로 기계 대체로 인한 노동비용 절감이나 조직 효율성 효과였다. 노동자들의 임금 교섭력을 약화하려는 목적도 컸다. 그런데 앞으로 코로나19와 같은 감염 공포가 지속되는 '뉴노멀New Normal'이 열리면, 물리적 접촉을 최소화하려는 비대면 시장이라는 대의명분이 사회 전반에서 자동화 도입의 새롭고 강력한 변수가 될 공산이 크다.

현재 '비대면' 경제의 부상을 보면 주로 소비자들의 심리적 안전 염려증을 이용한 소비시장에서 일어나는 자동화 도입이 주로 눈에 띈다. 문제는 이렇게 '비대면' 기술 자동화가 급물살을 탈수록 감염 청정지대로서 소비시장과 정반대로 노동시장 악화와 '노동 유연화'가 함께 진행된다는 점이다. 얼마 전까지만 해도 좌우 할 것 없이 자동화 예찬론자

들은 인공지능 로봇이 노동의 질을 향상하고 심지어 노동해
방의 신세계를 새롭게 열 수 있는 구원자가 될 것처럼 묘사
했다. 하지만 강제퇴직, 대량 해고와 무급휴직이 일상인 코
로나19 현실이 초래되면서 향후 비대면 자동화 기술은 오히
려 노동의 질을 악화하고 '유령 노동'을 양산하는 기폭제가
될 것이다.

미국 언론정보학자 메리 그레이의 언급처럼 이른바
'유령 노동'은 인간의 산노동이 자동화 기계의 보조역으로
전락한 노동 유형이다. 예컨대 데이터를 직접 입력해 코딩
하고, 플랫폼으로 거래된 물건을 배송하고, 자동화 기계의
알고리즘 오류를 잡는 등 기계를 위해 눈에 보이지 않는 각
종 단순 허드렛일을 도맡아 하는 위태로운 인간 노동이 그
것이다.

2020년 4월 말 아마존은 급증하는 물류와 배송 업무로
신규 노동자 10만 명을 고용했다. 당시 미국 실업수당 신청
자가 3월 말 이래 약 2,600만 명을 넘어서던 시점이었다. 숫
자상으로 보면 아마존이 자동화된 물류 시스템 관리와 주문
배달을 위해 신규 고용을 늘린 것은 고용 창출에 크게 기여
한 듯 보인다. 하지만 내용은 배송 업무 급증에 따른 비정규
직 단기 임시고용이란 점을 기억해야 한다.

게다가 비슷한 시기 뉴욕 아마존 물류창고 직원들이
노동 현장의 감염 위협으로 인해 현장 마스크 지급 등 노동
기본권 보호를 외치며 파업을 시도했으나 묵살되었고 급기

야 해고 처리되는 일까지 벌어졌다. 아마존의 물류창고 자동화와 연동된 불완전 노동 활용 방식은 앞으로 '비대면' 자동화 경제가 우리에게 선사할 정확한 민낯이라 볼 수 있다.

## 비대면 자동화 노동의 민낯

우리는 일용직 노동, 플랫폼 배달 노동, 온라인 택배 배송 업무 현장에서 이미 미국과 유사하거나 아니 더 혹독한 과로와 확진 위협에 노출된 유령 노동자들의 일상을 쉽게 목도할 수 있다. 방역 모범국가의 성과를 낳고 '비대면' 경제를 논하는 배경에는 스마트폰 주문 콜에 의지한 채 '잠시 멈춤' 조차 불가능한 노동 약자들이 더욱더 빈번하게 물리적 '콘택트contact'를 강요받는 현실이 도사린다. 비대면 소비와 재화의 유통이란 청정지대는 아이러니하게도 부단히 대면 접촉을 행해야 하는 현장 유령 노동자들을 언제 어디서든 쉽게 동원할 수 있어야 유지된다.

미국 전 노동부 장관인 로버트 라이시Robert Reich가 코로나19로 새롭게 분화된 노동계급 질서를 언급한 것처럼, 비대면의 '원격근무 가능한 노동자The Remotes'라는 선택받은 엘리트 지위에 있지 않다면 우리 대부분은 비대면 소비 시장을 위해 감염에 노출된 '필수 현장 노동자The Essentials'가 되어야 생존이 가능하다.[49] 아니면 '해고나 휴직 중의 노동자The Unpaid'이거나 감염병 대처가 거의 불가능한 이주노동자와 난민 등 '잊힌 자The Forgotten' 가운데 하나의 신분을 선택해야 한다.

코로나19 국면에서 전 세계적으로 파산한 수많은 자영업자와 해고된 노동자는 이 하위 세 계급으로 대거 편입되고 있다. 당장 단기 노동 수요가 큰 유령 노동자 대열에 대부분 합류할 공산이 크다. 아마존의 임시직 고용 상황은 이를 말해준다. 많은 기업은 노동 가치를 헐값으로 매길 수 있어 자동화 대체 기회비용을 신중히 따질 것이다. 자동화 대체 효과보다 값싼 노동력이 풍부하게 존재하는 감염 재난 시기 노동시장으로 인해 언제든 가능하면 산노동을 동원할 것이고, 비대면 접객이 필수가 된 소비시장에서는 선별적으로 자동화 기계의 대체 효과를 보려고 할 것이다. 그렇게 자동화의 속도는 노동 대체 효과와 비대면 감염사회의 조건에 따라 차별적·선택적으로 스며들 것이다.

코로나19 이전에 많은 사람이 우려했던 산노동과 자동화 로봇 사이 대립이나 대체 전망과 달리 이제는 좀더 유령 노동과 자동화 로봇의 보완적 결합을 꾀하며 노동비용을 줄이고 노동 강도를 극대화하려는 기업 현실을 주목할 필요가 있다. 기업들은 값싼 노동 인력을 활용하면서도 대면 접촉을 우회하는 자동화 로봇의 소비시장 도입을 도모하는, 이른바 산노동과 자동화 기계의 절충주의적 노동시장을 구성할 확률이 높아졌다.

## 노동시장 유연화와 기업 규제 완화

최근 정부는 포스트 코로나19 구상으로 '비대면·디지털 SOC'에 기댄 '한국형 뉴딜' 사업을 발표했다. 홍남기 부총리 겸 기획재정부 장관이 주도하는 「한국형 뉴딜 추진 방향」이라는 문건을 들여다보면 디지털 인프라 구축, 원격의료(디지털 헬스케어) 등 보건 데이터의 상업적 활용 확대, 인공지능과 비대면 서비스 산업 육성을 중심 사업 내용으로 삼고 있다. 한마디로 한국형 뉴딜 사업을 통해 사회 전반에 비대면 지능형 자동화 산업을 키우고 개인정보의 폭넓은 수집과 활용을 도모하려 한다. 이에 적극적 열광을 보인 곳은 '4차산업혁명위원회'와 정보통신업계로 꼽힌다.

우리가 알고 있는 대공황기 미국 루스벨트 정부 시절 '뉴딜' 공공사업의 핵심은 일자리를 잃은 시민들에게 사회적 안전망과 지속가능한 일자리를 마련하는 일이었다. 비대면 경제 주도 '한국형 뉴딜'이 과연 뉴딜만큼의 국내 경기부양 효과를 낼지 진즉부터 의심스럽다. 오히려 정황상 위태로운 유령 노동을 대거 양산하는 쪽으로 흘러갈 수 있다는 점에서 우려할 만하다. 우리 정부가 내세운 '비대면·디지털 SOC' 주도 뉴딜의 중요한 목표로 안정적 일자리와 고용 창출을 마련하겠다는 슬로건이 그저 실현 불가능의 구색용이 아니었으면 좋겠다.

'한국형 뉴딜' 사업 내용은 새난 충격에 빠진 국민 구제를 위한 국가 전환의 프로젝트라기보다는 기대와 달리 너무도 생뚱맞은 기술 숭배적 처방에 가깝다. 굳이 뉴딜까지 아니어도 일상 정국에서 기존 4차산업혁명위원회나 인공지능 국가전략 단위나 과학기술정보통신부에서 논의할 수준의 사안들이다. 이는 캐나다 작가이자 언론인 나오미 클라인이 『쇼크 독트린』에서 사회적으로 중대한 위기나 재난 상황이 닥치면 이를 명분으로 국가 엘리트들이 처음부터 그들이 원하던 것을 밀어붙인다는 '재난 자본주의disaster capitalism'의 작동 방식처럼 보인다.[50] 코로나19 재난 상황에서 권위주의 국가들이 생명 안전이라는 명분으로 시민들에게 강도 높은 통치권을 행사한다면, 우리의 신자유주의 국가 엘리트들은 이제 첨단 비대면 자동화 기술로 무장한 노동시장 유연화와 기업 규제 완화를 영혼 없이 읊조린다.

감염병 팬데믹 위기의 본질에 맞춘 실질적이고 긴급한 '코로나 뉴딜' 방안은 눈을 씻고 찾아봐도 어디에도 없다. 재벌과 다국적 기업들의 전쟁터가 될 원격의료 도입이 아닌 공공의료시설과 충분한 의료 인력 확보를, 비대면 산업시장 육성 이전에 일용직·플랫폼·택배 등 유령 노동자들에 대한 사회적 안전망과 고용 안정화 대책 마련을 도모해야 하지만, 이에 대한 근본적 대비책은 없다.

더군다나 이미 코로나19가 '인수공통감염병'의 변종으로 밝혀진 상황에서, 앞으로도 빈번하게 닥칠 유사 환경 재앙들에 대비하기 위해서도 지구 생태전환적 사회 전망이 마련되어야 하지만 이 또한 부재하다. '방역 모범국가'라는 해외 언론들의 국가 위기 대응 능력의 상찬에 비해 노동안전 불감증과 기술지상주의적 미래 전망은 늘 여전하다.

코로나19 이후를 대비하는 우리의 방식은 '한국형 뉴딜'이라 이름 붙이기에 너무도 조악한 기술공학적 발상에 기대고 있다. 우리 사회는 성장 중독과 함께 고도의 디지털 기술 인프라 환경을 얻는 대신에, 그에 합당한 기술민주주의적 가치를 확보하려는 노력을 늘 후순위로 미루어두었다. 적어도 '한국형 뉴딜'의 진행 방향은 노동 인권, 정보 인권, 생명권을 해치고 악화하는 쪽으로 밀어붙여서는 곤란하다. '한국형 뉴딜'의 이름값을 지니려면, 사회적 거리 두기로 심신을 다친 대부분의 시민이 경제적으로 안정되고 사회적으로 보호받고 생태 위기에서 안전하게 벗어날 수 있는 방향으로 우리의 기술 환경을 전면적으로 전환해야 한다.

## 노동·정보·생명 권리를 위해

비대면 자동화 방향은 코로나19 후폭풍으로 인한 민생경제 지원책과 노동권 보호 정책을 전제하지 않으면, 현실 타개의 뉴딜이 아니라 정반대의 사회 억압적 국가 프로젝트가 될 공산이 크다. 지표상 양적 고용을 늘리고 기술 생산성을 확보하는 일도 중요하지만, 실질적인 고용안정과 과로사와 업무재해로 지금노 수없이 현장에서 목숨을 잃는 이들을 노

동 위험에서 보호하는 사회안전망과 포용적 기술설계의 질
적 보완이 필요하다.

자그마한 사례지만 최근 전북 군산시의 지역 상생형
'공공 배달 앱' 개발 지원과 경기도의 관련 업무협약 체결은
지자체가 사회 포용적 기술 구축에 어떻게 실천적으로 관여
할 수 있는지에 대한 중요한 시사점을 주고 있다. 물론 이도
미흡한 지점이 있다. 지역 영세 자영업자들의 공생 방식에
비해, 지금과 같은 플랫폼 설계로는 플랫폼 배달라이더들의
처우 개선 등의 쟁점까지 그리 튼실하게 받쳐주지 못하는
허점을 안고 있다.

감염병 시대 자본주의 기업들은 앞으로 더 비대면 경
제를 원할 것이다. 인공지능 자동화 영역에 민간 투자가 늘
어날 수밖에 없다. 고로 국가가 '한국형 뉴딜'이라는 이름으
로 국고까지 써가며 이들 시장에 투자할 사안이 아니라 본
다. 오히려 그 어느 때보다 어려운 시기를 견디는 사회적 약
자들의 숨통을 틔우고 그들의 노동 인권 보호와 지구 운명
공동체적 생명권 보장을 위한 근본 대책을 마련해야 한다.
국가의 뉴딜 전략이 제 이름값을 하려면 바로 '유령 노동
자·시민'과 함께하는 자동화나 비대면 기술설계의 포스트
코로나19 구상이어야 한다.

## 탈진실의 탄생지

미디어가 내보내는 뉴스는 보통 사실들 가운데 가장 객관적인 지표가 되어야 하고, 사실과 진실에 다가가기 위한 중요한 판단 기준이나 준거여야 한다. 하지만, 오늘날 이것도 옛말이 되었다. 미디어들은 특종과 속보 과열 경쟁으로 확인 없이 상호 베끼거나 정보의 출처마저 철저히 다루지 못하면서 잘못된 사실을 전달하고 오류로 가득 찬 뉴스를 생산하는 일이 비일비재하다.

무엇보다 인터넷 환경이 열려 어느 누구나 제 목소리를 낼 수 있는 뉴스 생산 문화가 갖춰지면서, 꽤 영향력 있는 누리꾼들이 퍼나르는 온라인 소문, 넋남화, 사짜와 거짓 정보 등이 기존 대중매체와 뒤섞이고 뒤엉켜 더 큰 오류로 부풀려져 존재하지도 않는 거짓 세계를 생성하고 있다. 게다가 특정의 알고리즘을 통해 인공지능이 뉴스를 자동 생산할 수 있게 되면서, '딥 페이크deep fake'라 불리는 주조된 이미지와 영상 가공물이 범람하고 자동 생성되는 인공지능 뉴스봇들이 대중화하면서, 수많은 가짜가 활개 칠 공산이 더 커졌다.

각종 이미지, 정보, 영상 데이터에 의한 대중 왜곡이 범람하고, 그러다 보니 이에 대응해 '팩트 체크'가 거의 일상인 현실을 우리는 살아가고 있다. 사회적 사건에 대한 노이즈(소음)의 왜곡 데이터가 증가하면서, 이를 설명하는 뉴스와 정보는 주어진 사건과 역사에 대한 사실과 진실을 밝히기 위한 콘텐츠로 기능하기보다는 사실과 진실을 흐리는 사악한 '더미dummy(허수)'로 기능한다.

이들 데이터의 자의적 왜곡이 문제인 것은 우리의 의식을 호도해 사실상 이전에는 크게 도전받지 않던 역사적 진실을 계속해 뒤흔들고 있기 때문이다. 가짜는 진실이 존재하고 밝혀지더라도 진실의 공신력에 위해危害를 입힌다. 그것이 가짜 기호로 무장한 가짜 정보와 가짜뉴스가 범람하는 이유이기도 하다.

대중은 이들 과잉 정보와 가짜뉴스로 인해 피로감을 호소하게 되고, 진실에 대한 이러저러한 판단 자체를 대부분 유보하게 된다. 현실에서 진실을 찾는 행위를 쉽게 포기하는 것이다. 오늘 '탈진실post-truth'의 목표는 바로 여기에 있다. 즉, 탈진실을 옹호하는 이들은 우리 대부분이 현실에서 기꺼이 행하는 진실 찾기 행위에 스스로 무기력하게 되고 포기 상태에 이르는 것을 진정 바란다.

옥스퍼드 영어사전의 정의에 따르면, '탈진실'은 "여론을 형성할 때 객관적인 사실보다 개인적인 신념과 감정에 호소하는 것이 더 큰 영향력을 발휘하는 현상"을 뜻한다.[51] 사실의 진위와 상관없이 진실을 무력하게 만들고 외려 특정 신념이나 감정이 영향력을 발휘하도록 한다는 것은 무엇보다 이를 위해 대중 의식을 끌어들일 흡인력이 없으면 불가하다.

사실상 그 흡인력이라는 것은 대중매체의 온갖 강렬한 자극의 '황색(선정주의) 저널리즘'에서 올 수도 있지만, 아이러니하게도 대개는 우리 주위 뉴스원들의 권위에 대한 믿음과 신뢰에서 유래한다. 국가 통치자의 트윗 메시지, 주류 대중매체 언론 보도, 메이저 포털사이트 뉴스, 소셜미디어의 인플루언서, 스타 유튜버 등이 가장 큰 대중 흡입력을 지닌 공신력의 출처이자 권위의 근원이다. 모순되게도 이 신망받는 뉴스원들은 권위의 출처이지만 탈진실의 탄생지이기도 하다.

첫째, 탈진실은 변방의 누군가 이름 없는 이들의 거짓 소문에서 시작하기보다는 이렇듯 말과 정보의 독점적 권위를 갖고 이의 메가폰을 쥔 자들에 의해 주조된다. 권위적 통치자의 입과 연설, 가짜 댓글 알바부대 투입, 무분별한 언론 속보 과열 경쟁, 포털사이트의 연예 뉴스와 댓글, 글로벌 기업들의 후원 뉴스 등 사회 엘리트의 말과 행동이 탈진실의 중요한 근원이다. 이들은 기후 위기를 부정하기 위해, 전쟁의 명분을 만들기 위해, 각종 사회 비리를 감추기 위해, 역사의 진실을 은폐하기 위해 가짜뉴스와 페이크 유사과학이나 사실을 대거 유포한다.[52]

그들의 목소리가 효과적인 이유는 이를 '바이러스 전염(바이럴)'마냥 실어 나르는 대중의 빠른 메시지 유통 능력이다. 오늘날 소셜미디어의 가치는 인간관계의 재구성 가운데서도, 특정 정보나 사실을 신속히 전달해 거대한 정서 교감의 장을 이어나갈 수 있게 하는 온라인 기술설계에 있다. 탈진실 효과는 이렇게 소셜 테크놀로지를 통해 쉽게 번식하고, 엘리트 권력의 여론 통제에 중요한 요소로 활용된다.

둘째, 가짜뉴스는 우리에게 '초현실hyperreality' 효과를 더한다. 즉, "리얼리티에 더 가까이 다가간 것 같을수록, 영상들은 그만큼 더 흐릿해지고 더 흔들린다".[53] 사건들을 이야기하는 수많은 영상과 이미지 정보나 뉴스는 사태의 정확성을 이야기하는 듯 보이지만, 오히려 우리가 '진실의 색'을 읽을 수 있거나 판단할 수 있는 능력을 갉아먹는 효과를 낸다. 빅데이터 시대에 뉴스와 정보는 폭발 지경이지만, 반대로 인간의 판단 능력이 점점 더 약화되고 상황 파악이나 인식 능력이 점차 고갈되는 모순된 형국이다.

셋째, 초현실을 더욱더 부채질하는 데는 기술적으로 '필터 버블filter bubble' 효과가 그 배경에 있다. 필터 버블은 맞춤형 데이터에 익숙해져 그것의 과잉 정보 수취가 이루어지면서 각자가 편향된 정보 거품에 갇히게 되는 효과를 말한다.[54] 소셜미디어에서는 특히 필터 버블 현상이 강화된다. 내 주위의 '소셜' 네트워크에 연결된 이들이 비슷한 성향을 유지하면서 스스로 무오류성의 착시 감옥에 갇히고, 다른 판단 가능성을 배제하는 일이 흔해진다. 자동화 알고리즘이 본격화된 사회 현실은 더욱더 이 필터 버블 효과를 극대화한다.

개인이 지닌 성향에 따라 자동화된 맞춤형 예측 서비스를 제공하는 인공지능 알고리즘은 유튜브와 넷플릭스처럼 현대 인간이 소비하는 대부분의 데이터와 콘텐츠를 개인 취향의 소소한 세계에 가두려고 한다. 진실이 흐려짐과 동시에 진실에 도달하기 위한 인식 과정의 도관도 얇아지고 납작해지는 형국이다.

넷째, '실재의 소멸' 효과가 궁극적으로 발생한다. 탈진실, 초현실, 필터 버블의 3중 효과는 모든 역사직·진보적·사회적인 가치의 자명한 질서를 불완전하고 비결정적인 지위로 만들어버린다. 우리가 알고 지내던 명징한 듯 보이는 실재가 저 멀리 달아나는 것이다. 그러다 보니 오늘날 상징 권력은 특정의 가치와 담론을 앞에 내세워 자명한 질서로 억지 강요하기보다는 혼돈 속 여럿 가짜를 기술적 알고리즘으로 자동 생성하거나 댓글 알바부대를 고용해 만든 가짜더미 속에 진실의 가치를 뒤섞는 데 골몰한다. 이와 같은 거짓과 허구는 진실처럼 군림하지만, 실제 어떠한 소통도 행하지 못하면서 계속해 우리가 시도하려는 현실의 비판적 인식을 방해한다.

탈진실의 가짜뉴스 시대에는 어찌 보면 가짜 정보와 노이즈를 대거 발산하는 쪽에 승산이 있다. 이를테면, 누군가에 대한 흑색선전이 법리적으로 '근거 없다'는 법적 판단에도 비상식적으로 비방과 악플이 계속해 진행되는 것은 이와 같은 연유에서다. 결국 데이터 과잉과 가짜 정보의 질서는 특정의 사안에 대한 진실이 저 멀리 사라지고 수많은 다른 가짜 해석을 대중들에게 노출시키면서, 어떤 사안에 대해 우리 스스로 사색하고 인지하는 것을 불안정하고 어렵게 만드는 데 그 목적을 지닌다.

## 진실보다 진실한 거짓

데이터 과잉과 가짜뉴스가 대중의 진실에 대한 판단을 포기하게끔 하면서, 결국 엘리트 권력은 우리 마음속 깊숙이 가라앉은 욕망·정서·선호·취향 흐름의 조절과 통제에 직접 개입하고자 한다. 정보 과잉의 질서 속에서 이성적 판단이 어려워지면, 그 다음 대중이 찾을 수 있는 선택지는 본능과 직관일 수밖에 없다. 합리적이고 비판적 추론에 따른 진실 찾기 과정이 점차 힘들어지면서, 진실의 지위는 흐릿해지고 대중은 진실이나 사실보다는 직관과 감성적 판단에 더욱더 의존적이 되는 것이다.

인터넷에서 수없이 흐르는 감정과 정서의 흐름과 패턴에 관심을 지닌 오늘날 엘리트 권력은 대중 여론 이전의 여론, 즉 입소문과 비공식적 '뒷담화'를 집요하게 관리하는 수준에 이르렀다. 동시대 권력은 대중 정서의 흐름을 이러저러하게 너울거리게 하고 여론과 정서의 물꼬를 바꾸는 조정과 '변조modulation' 방식에 큰 관심을 보인다. 가짜와 탈진실 정보의 범람과 이의 특정한 변조는 대중 정서적 차원에서 또 다르게 엘리트 권력이 대중 여론을 통제하는 새로운 방법이 되어가고 있다. 오늘날 인공지능과 결합된 알고리즘 기계장치는 순수한 데이터 공학의 오류 없는 숫자의 세계인양 포장하면서도, 동시에 수많은 가짜와 거짓 정보를 퍼뜨리며 판독이 쉽지 않은 현실 질서를 공고히 하는 데 일조한다.

최근 인공지능 기술은 거짓과 탈진실을 방조하거나 이를 강화하는 동영상 기법에 응용되면서 가짜 이미지와 동영상 제조에 줄곧 쓰이고 있다. 가령, '딥 페이크'와 '싸구려 페이크cheap fake'가 무한 확대되는 현실을 보라. 싸구려 페이크는 말 그대로 포토샵 작업 등으로 실제가 아니라는 느낌이 남아 있는 아마추어 이미지나 영상이라면, 딥 페이크는 인공지능의 딥러닝 기술을 활용해 실제 사람 얼굴의 일부를 변형하거나 합성해 만들어 가짜와 실제의 경계가 거의 사라진 경우다.

딥 페이크는 '진실보다 진실한' 거짓 혹은 가짜의 고해상도 이미지나 영상인 경우가 흔하다. '팩트 체크'를 통한 가짜들의 공식 판별 방식은 아직까지는 인공지능 봇들에 의한 가짜 이미지와 영상의 자동 생성에 비하면 진실 게임 싸움에서 양적으로 밀리고 질적 판단 능력에서 소박하기 그지없다.

'증거의 정치학politics of evidence'적 견지에서 봐도, 정교한 페이크 상징들은 사회에서 일반적으로 수용되던 사실 '증거' 능력을 무위화하면서 더욱 불확실한 현실을 키우는 측면이 크다.[55] 자칭 진짜라고 주장하는 딥 페이크들로 인해 현실은 점점 불투명해지고, 생성되는 이들 가짜 정보 양의 방대함으로 인해 참고할 진실의 정황 증거는 점점 이에 파묻힌다.

'탈진실'의 또 다른 문제는 이 정교한 거짓 조작과 혐오 대상이 주로 여성, 인종 소수자, 난민 등 사회적 소수에 집중된다는 데 있다. 가짜에 휘둘리는 표적들이면서 가짜가 노리는 주된 제물들이 바로 현실 속 힘없는 이들이라는 점을 기억해야 한다.

아이러니하게도 이 모든 가짜와 탈진실의 질서를 작동시키는 수면 아래에는 첨단의 기술 네트워크와 인공지능 알고리즘을 기반으로 현실의 모든 것을 예측하려는 데이터 과학의 최첨단 세계가 있다. 대중 의식은 스펙터클과 혼돈의 탈진실로 향하는 반면, 정보 권력의 최첨단 세계는 빅데이터 분석을 통해 전산학적 투명성을 추구한다. 가짜뉴스에 의해 크게 오염된 대중의 불투명한 현실 세계와 달리, 반대로 엘리트 통치 영역은 시민들의 데이터 활동을 비추는 투명한 세계에 바탕을 둔다.

## 사회신용체제라는 빅브러더

언제 어디서든 개별 시민들의 신원을 투명하게 확인하고픈 권력 욕망은 오늘날 안면 인식 기술과 생체 기술이나 개인 신체 프로파일링의 극한 수집 도구를 창안해냈다. 지문, 홍채, 생체 인식, 동작과 얼굴 인식, 신체 이식 칩을 동원한 데이터 수집과 알고리즘 자동화는 불투명한 현실에서 정보 권력의 자리를 굳건히 보장받고 사물의 질서를 예측 가능하게 하는 일이기도 하다. 탈진실 시대야말로 정교한 신체 데이터 프로파일링 관리를 통해 통치 권력을 유지하려는 욕구가 더 크게 작동한다.

우리 대부분이 갈수록 특정 사건과 진실의 올바른 이

면을 보지 못하는 불투명한 상태에 놓인다면, 반대로 엘리트 계급은 점점 더 우리를 투명하게 비추는 스크린 장치를 구비할 것이다. 가령, 이를 위해 중국은 14억 명에 육박하는 인민을 관리하기 위해 '사회신용체제social credit system'를 도입하고 있고, 중국 인민의 개인차를 안면 인식으로 확인하고, 24시간 관리하는 빅브러더 구상을 진행하려 한다. 결국, 가짜와 거짓 뉴스로 인해 대중의 진실 이해력은 퇴화하지만, 반대로 권력이 우리를 비추고 관리하는 능력은 계속해 확장된다. 오늘날 자본주의의 탈진실은 결국 서로 상반된 듯 보이는, 진실의 불투명성 대 개별 신체의 투명성이라는 쌍두마차에 의해 유지된다.

수없이 증가하는 가짜 앞에서 이를 판별해내는 뉴스 팩트 체크 전문 언론기관이나 통계 과학 등의 검증 역할은 점점 중요해진다. 하지만 하루에도 수없이 발생하는 가짜 데이터의 공습을 막기에 이 공식 기관들의 분석과 대응은 현실적으로 수적 한계에 봉착할 수밖에 없다. 궁극적으로는 시민의 '데이터 리터러시'의 향상 없이는 향후 대중의 현실 판단력이 흐려질 확률이 높다. 시민들이 오늘날 복잡한 가짜의 바다들로 인해 파생되는 심층의 관계들을 파악할 수 있는 최소한의 지식이나 데이터 통제력 혹은 비판적 판단 능력을 배양하도록 해야 한다.

예를 들어, 기존의 규격화된 문화와 데이터 소비를 벗어나서 데이터와 숫자에 대한 비판적 논리력과 지혜를 확장

할 수 있는 데이터 리터러시 교육 논의가 사회적으로 본격화되어야 한다. 근원적으로 가짜와 탈진실에 대적할 '데이터 시민권'을 보장하는 사회 설계 논의도 필요하다. 그럴 때만이 온갖 가짜뉴스와 가짜 정보의 늪에서 허우적거리는 우리 자신을 구할 수 있다.

제

5

장

데이터 인권과

디지털

민주주의

## 빅데이터와 인공지능

데이터가 부스러기인 까닭은 의식적으로 혹은 무의식적으로 현대인의 신체에서 디지털 데이터가 무수히 흘러나와 네트워크를 떠다닌다는 점에서 그렇다. 이들 부스러기가 끝없이 모여 정보와 데이터의 쓰나미 현상이 되면서 우리 인류는 '빅'데이터 시대를 마주했다. 기술적으로 보면 소셜미디어의 확산과 사물인터넷의 확장이 '빅데이터' 현상을 가속화했다. '좋아요'와 댓글이 넘치고 각종 스마트 사물 기계들이 서로 데이터를 내뿜으며 이에 일조한 까닭이다.

　게다가 머신러닝과 같은 인공지능형 기술의 발전은 데이터 처리를 자동화하고 네트워크를 따라 매초 내분 실시간으로 분석과 진단이 이루어지는 것을 돕는다. 가령, 각종 헬스케어용 모바일 기기들은 매순간 실시간으로 누군가의 생체리듬을 클라우드 너머로 전달해 데이터센터에 집적하고 이를 인공지능 알고리즘 명령어로 분석하고 예측하는 공정에 적극 가담한다. 이렇듯 일상에서 데이터 생산과 분석이 일반화하고 첨단 지능화하면서 빅데이터의 수집, 가공, 처리, 유통, 활용에서 발생할 수 있는 정보 인권 침해가 현대인의 삶에 심각한 문제로 떠오르고 있다.

　무엇보다 문제가 되는 것은 빅데이터의 처리 공정이 점차 일반인의 시선 밖에 머무르게 되는 데 있다. 따져보면 빅데이터 시대가 도래하면서 우리 대부분은 '홀로 남겨질' 고독의 시·공간이 거세되었다. 현대인은 외부 관찰에서 안전한 나만의 온전한 자유 지대를 잃은 채 '제로zero 프라이버시' 상황에 처하게 된 것이다. 다시 말해 우리는 각자의 몸에서 흘러나온 데이터들이 도대체 어디서 어떻게 쓰이는지조차 알기 어렵게 저 멀리 구름(클라우드) 너머로 사라지는 기술설계의 '암흑상자화' 시대를 살고 있다.

　더 심각한 사실은 강제나 억압을 동원한 이용자 데이터의 통제보다는 플랫폼에 접속한 우리의 자발적인 참여에 의해 데이터가 어디선가 포획되는 데 있다. 즉, 정부나 민간의 공권력이나 강제력을 크게 빌리지 않아도 서비스 편리와 기술 효율을 대가로 사용자들은 데이터 활동에 자발적으로 참여하고 놀이를 즐기면서 그들 스스로 데이터 유출과 오남용 과정에 기꺼이 동참한다는 점에서 사태가 더 심각하다.

뉴미디어 환경과 '신기술(제4차 산업혁명)'로 지칭되는 동시대 자본주의의 정보화 국면은 시장이 점차 이용자들의 데이터 부스러기를 먹고 자라고 의지하는 체제임을 뜻한다. 예를 들어 구글(유튜브), 아마존, 애플, 페이스북, 인스타그램, 카카오, 텐센트 등 동시대 닷컴기업 대부분은 이용자들의 데이터 활용과 포획을 통해 기업 가치를 실현한다. 우리나라에서도 제4차 산업혁명에 대한 열광이 커지면서 데이터 시장 활용을 통해 경기침체 분위기를 바꾸어보려는 정부와 기업의 열망이 꽤 거세다.

반면, 민관이 기대하는 데이터 활용의 시장주의적 흐름은 다양한 형태의 정보 인권 침해 현상을 야기할 수 있다는 점에서 이에 예의주시할 필요가 있다. 즉, 데이터 오남용과 대량 유출은 물론이고, 정보 주체의 동의 없는 목적 외 정보 수집과 가공, 알고리즘 분석을 통한 사회적 차별 이용, 지능 감시와 통제, 실시간 데이터 연결을 통한 정신적 병리 유발 등 부작용을 낳을 공산이 크다. 그렇다고 해서 민관 모두 데이터 수집이 야기할 정보 인권 침해로 인해 데이터 시장 가능성을 그저 쉽게 포기하기도 쉽지 않은 일이다.

### '인터넷 영토론'과 '데이터 주권'

빅데이터 사회에서 촉발된 논쟁의 핵심 축, 데이터 활용론 혹은 정보 보호론의 이분법적 논의틀을 넘어서려는 해법으로 제시된 '데이터 주권data sovereignty' 개념을 주목해보자. 데이터 주권 개념은 단순히 개인정보보호를 수세적인 방식으로 해석하거나 사업자들을 위해 데이터 활용 대세론을 옹호하려고 하기보다는 시민들에게 데이터 처분 권한을 좀더 부여해 데이터 시장의 합리적 미래를 구상하려는 목적을 지닌다. 한마디로 데이터 주권은 데이터 주체의 보호와 활용 사이 접점을 찾기 어려운 대치 상황에서 이에 대한 화해책으로 고안되었다.

데이터 주권은 원래 데이터가 수집되고 저장되는 바로 그 국가 경계 내 법과 통치에 따라야 한다는 인터넷 영토론이었다. 처음에 이 용어는 해외 다국적 닷컴기업들이 자국에 서버를 두고서 아예 국경을 넘어 국내 사용자들에게 플랫폼 서비스를 제공하면서 발생하는 다양한 문제, 즉 데이터 열람, 정정, 삭제, 이동에 관한 자국민의 데이터 권리가 제약을 받으면서 주목을 받았다. 데이터 주권은 데이터의 현지 보관이나 해외 반출 금지 등 '데이터 국지화data localization'의 문제와 관련되어 있었다.

가령, 여러 논란 끝에 구글에 대한 남한 지도의 데이터 반출을 불허했던 우리 정부의 결정은 데이터의 역외거래 금지 사례에 해당한다. 또한, 중국이 국경 너머 데이터에 대한 소유와 저장, 관리 보호 문제가 불거지자 해외 기업들의 데이터센터를 자국 주권이 미치는 영토 내로 유도한 경우는 데이터의 현지 보관 사례로 볼 수 있다.

이제 데이터 주권은 데이터 국지화라는 초창기 뜻풀이보다 확장적인 의미로 쓰인다. 국가 영토 개념 속에서 자국민의 주권 보호마냥, 즉 누군가의 개별 신체에서 생성되는 정보와 데이터 부스러기의 생성·처리·선택 등에서 개인이 적극적으로 개입해 데이터 처분까지 직접 행할 수 있는 자기 정보에 관한 자율 권리로 변형되어 쓰이고 있는 것이다.

데이터 주권 개념은 개별 신체가 데이터 수집의 전장戰場이 되는 정보 자본주의 현실에 적합하다. 점점 시간이 갈수록 개별 신체를 매개해 데이터와 생체 정보가 끊임없이 외부로 연결되어 자동적으로 흘러다니는 '포스트휴먼'의 인간 조건을 고려한다면, 데이터 주권은 개별 신체 데이터 정보 보호의 경계가 흐릿해지는 가까운 미래에 대한 대비책으로 고려될 만하다. 데이터의 생성지인 개별 주체들에게 자신이 생산한 데이터에 대한 처리와 참여 권리를 부여함으로써 좀더 유연한 데이터 보호와 활용의 해법을 제시하고 있는 것이다.

## 소비자 프라이버시 권리장전

데이터 인권을 보장하기 위한 일환으로 유럽의회에서 수년간 논의 후 2018년부터 시행된 일반 데이터 보호 규정General Data Protection Regulation, GDPR은 새로운 신기술 환경과 빅데이터 국면에 더욱 취약한 지위로 추락한 정보 주체들의 권리를 보호하는 데 꽤 중요한 법·제도적 흐름으로 평가할 수 있다. 가령, GDPR은 자신의 데이터가 어떻게 쓰이는지에 대한 접근권과 정정 권리, 과도한 데이터 이용에 대한 처리 제한과 잊힐 권리는 물론이고 개인 신원 유추나 파악을 어렵게 하는 적정 수준의 비식별 조치, 개별 정보의 자유로운 제공 원칙(이른바 '데이터 이동권data portability'), 운영자의 기본적인 프라이버시 기술 비치 의무인 '설계에 의한 개인정보보호data protection by design' 원칙 등을 엄격히 따를 것을 명문화하고 있다. 미국에서는 오바마 행정부 시절 '소비자 프라이버시 권리장전Consumer Privacy Bill of Right'이 발표되면서 사용자 데이터 권리를 주목하기도 했다.

유럽의 GDPR이나 미국의 소비자 프라이버시 권리장전이 사용자에 대한 정보 보호 측면을 좀더 강조했다면, '데이터 주권'은 신기술 국면에 데이터 인권을 탄력적으로 보장하는 것과 함께 사실상 국가나 기업의 데이터 활용과 편익을 좀더 고려한 현실주의적 접근법으로 볼 수 있다. 가령, 데이터 이동권을 적극 응용해 기획한 의료 시스템인 미국의 '블루버튼 이니셔티브Bluebutton Initiative'는 온라인을 통해 개인 의료 데이터를 환자 스스로 관리하며 자신이 찾을 의료기관에 제공하거나 제3자에게 데이터를 공유할 수 있는 서비스다.[56] 이는 의료 데이터에 대한 개별 주체의 자유로운 접근과 데이터 자기결정권에 대한 인식을 제고하는 효과를 거두고 있다.

데이터 활용론에 가까운 또 다른 예로, 영국의 '마이데이터MiData' 신산업 정책을 꼽을 수 있다. 이는 사용자의 데이터 권한을 강화하면서도 우리 스스로 데이터의 가공과 처리를 결정하도록 이끄는 경제 합리화 혹은 데이터 산업 경쟁력 제고 방안으로 고안되었다.[57] 영국의 마이데이터와 비슷하게 미국에는 소비자의 자유로운 데이터 접근과 처분 권리를 위해 '스마트 디스클로저Smart disclosure'라는 정책이 제안되어 있다.[58]

우리나라에서는 서구 모델들을 벤치마킹한 '마이데이터MyData' 산업을 추진 중이다. 우리의 마이데이터는 우선 기관들, 특히 의료·금융·통신 업체 등에 여기저기 흩어져 있어 관리가 어려웠던 해당 고객 데이터의 관리 주체를 개인에게 이양하고 이를 관리하는 전문 업종인 소위 '본인신용정보관리업' 시장을 구상하고 있다.

## 데이터 보호 대 데이터 활용

데이터 주권을 옹호하는 이들은 '불안한 보호에서 안전한 활용으로'라는 매력적인 슬로건을 내세우고 있다. 가령, 미국 MIT대학 컴퓨터 과학자이자 교수인 알렉스 펜트랜드Alex Pentland는 특정인이나 기업 등 누군가의 정보 오남용을 방지하기 위해 개별 주체에게 개인 데이터와 정보에 대한 통제권을 부여하려는 범국가적 데이터 정책, 즉 '데이터 뉴딜New Deal on Data'을 제안해 주목을 받았다.[59]

미국이 뉴딜 정책을 통해 경제 침체기 경제부흥을 이루어낸 것처럼, 데이터 환경을 근본적으로 뒤바꾸는 데이터 뉴딜 산업 정책, 즉 개별 주체에게 시장에서 거래되는 자신의 데이터에 대한 선택과 판단 비중을 크게 이양해 제4차 산업혁명을 대비하자는 그의 논의는 꽤 매력적으로 보인다.

짐짓 우려되는 지점은 데이터 뉴딜 혹은 주권이 개별 주체에게 자신의 데이터 처리에 대한 개입과 자율의 권한을 주는 듯 보이지만, 외려 이것이 일종의 정부와 기업에 데이터 활용의 명분을 부여하는 알리바이처럼 보인다는 점이다. 데이터 주권이라는 기획 자체가 시민 데이터 보호보다는 활용을 정당화하려는 미사여구처럼 작용한다는 사실이다. 기우가 아니길 빌지만, 데이터 주권은 여러 장점에도 목에 걸린 가시처럼 석연찮은 부분이 많다.

첫째, 데이터 주권이 제대로 이루어지려면, 법·제도 정비와 인프라 구축이 선행되어야 한다. 궁극적으로 정보 인권을 보장하려는 국가 철학과 데이터 보호를 위한 정보보호법 개정이 그에 맞춰 정비되지 않으면, 데이터 주권론은 정부나 민간에서 데이터 활용을 확대하기 위한 수사학으로 전락할 공산이 크다.

둘째, 데이터 주권은 힘없는 데이터 주체들이 스스로 생성한 정보의 처리와 선택, 이동에 대한 권리를 그때그때

각자 자율적으로 판단하기를 요청한다. 누군가는 영리한 판단을 통해 개인정보와 데이터를 현명하게 관리하겠지만, 우리 대부분은 매번 그 판단을 잘하기 어렵고 이를 누군가에게 위탁할 공산이 높다. 당연히 각자 개인정보의 위탁 관리에서 수입을 얻는 신생 데이터 관리 브로커가 늘어날 것이다.

다시 말해 자신의 개인정보 통제권을 수행하는 자율 주체를 대신해 개인정보와 데이터를 잘 관리하는 중개 플랫폼과 신용정보 대리 브로커들의 마이데이터(본인신용정보관리업) 사업이 성행할 공산이 크다는 이야기다. 앞으로 개별 사용자의 데이터 주권 행사가 과연 얼마나 흔들림 없이 이루어질 것인지가 점점 불투명하다.

셋째, 여전히 비식별 처리의 문제들이 남는다. 빅데이터는 함께 합쳐지고 모일수록 또렷해지는 측면이 있다. 공식적으로 '데이터 3법'이 도입되면서 개인 동의 없이도 '가명정보'를 폭넓게 활용할 수 있게 되었다. '가명정보'란 개인정보 일부를 삭제하거나 대체해 추가 정보 없이는 특정 개인을 알아볼 수 없도록 한 처리 데이터다.

하지만, 이 용어법과 달리 데이터란 쌓이고 합쳐지면 누군가의 신원을 드러내고 식별하기 쉽다. 설상가상으로 인공지능 등 신기술의 개인 식별 능력이 점점 우리의 상상을 초월하는 시대가 되면서 이제 '가명정보'라는 허명에 가까워졌다. 결국, 데이터 시장을 위해 가명정보를 활용하려는 욕망은 계속해서 사용자를 괴롭힐 난제가 될 것이다.

정보 인권의 패러다임 선환 모색이 시급하다. 왜 시민들은 데이터 보호를 넘어서서 데이터 설계를 직접 짜거나 처음부터 데이터 기술설계에 적극 참여하거나 관련 플랫폼 운영을 협의할 수 없을까? 왜 데이터 법안 개정에서 거의 매번 시민들은 구경꾼으로 빠져 있을까? '카톡지옥'의 현실에서, 끊임없이 내게 강요되는 직장 상급자의 데이터 흐름을 중단하고 단절시킬 데이터 통신 '단절disconnection'의 권리는 왜 아직도 요원할까? 사용자의 대부분을 가입자로 둔 포털사이트나 플랫폼은 왜 문제가 생기는 데이터 알고리즘의 편향적 설계에 대한 명쾌한 해명이나 이의 변경에 대해 사용자에게 고지하거나 설명하지 않을까? 사용자 혹은 시민이 특정의 데이터 설계나 디자인을 열어보거나 협의해 또 다른 기술 맥락에서 이를 고치도록 제안하거나 비판적으로 재설계할 수 있는 방법은 없을까?

데이터 주권론은 사용자들의 데이터 보호 대 활용의 이분법을 화해시키기 위해 태어났지만, 정보 인권과 관련해 여러 질문에 정확히 답하지를 못한다. 이제는 방어적 시민 프라이버시 보호책을 넘어서서, 좀더 과감하게 시민 스스로 신기술의 사회적 도입과 적용을 비판적으로 성찰하고 문제를 제기할 '데이터 시민권'의 능동적 방법론을 고민해야 한다. 끊임없이 데이터 인권 보호를 반복해 외쳤지만, 아랑곳없이 데이터 활용에 보호를 희생양으로 삼는 주류 신기술 시장의 지배 논리를 시민사회는 기억할 필요가 있다.

## 불안한 보호에서 안전한 활용으로

2020년 새해 벽두부터 소위 '데이터 3법(개인정보보호법·정보통신망법·신용정보법 개정안)'이 국회 본회의에서 결국 가결되었다. 그동안 개인 데이터 권리 보호론 대 데이터의 상업적 목적 활용론 사이 존재했던 긴장 관계조차 이로써 무너졌다. 물론 데이터 활용론의 예고된 승리로 끝났다. 관련 업계, 정부, 언론 모두 한목소리로 '빅데이터 활성화 골든타임'을 지켰다며 자축 일색이다. 시민사회만이 침통한 어조로 이를 20대 국회 '최악의 입법'이자 '개인정보 도둑법'으로 평가했다.

언론들은 연일 관련 법 개정을 위해 '데이터는 원유'라는 비유법을 써왔다. 20세기 화석 원료 경제인 원유만큼 오늘날 신기술 환경에서는 데이터가 시장의 에너지원이자 돈벌이라는 뜻이다. 그런데 이 천박한 데이터 비유법은 원유라는 화석 원료가 오늘 지구의 위기 상황을 초래한 주범임을 망각한 듯하다. 어찌 보면 데이터도 디지털 자본주의의 중요한 시장 자원으로 쓰지만, 그도 지나치면 우리는 극단의 정보 사유화와 함께 어디에도 홀로 남겨질 곳 없는 '제로 프라이버시'의 우울한 현실을 맞게 된다.

데이터 활용 측은 꽤 오랫동안 '불안한 보호에서 안전한 활용으로'라는 그럴듯한 슬로건을 내세웠고, 관련 법 개정을 촉구해왔다. 문재인 대통령도 "데이터를 가장 잘 다루면서 동시에 데이터를 가장 안전하게 다루는 나라"를 만들자며 데이터 경제 혁신을 강조해왔다. 법·제도 정비를 통해 빅데이터 활용과 보호라는 두 마리 토끼를 잡겠다는 심산이었다. 하지만 이번 데이터 3법 개정은 활용과 보호 사이의 화해도 아니었고, 그저 활용을 위해 보호를 알리바이로 썼음을 확인하는 자리가 되었다.

## 데이터 3법과 정보 인권의 위기

데이터 3법 개정안의 몇 가지 쟁점 사항만 짚고 가자. 먼저 개인정보보호법 개정안을 들여다보면, 이전에 법적으로 없던 '가명정보'라는 논쟁적 용어가 공식적으로 등장한다. 데이터 보호 측에서는 소위 특정 개인을 알아볼 수 없도록 '비식별 조치'를 취한 데이터인 '가명정보'가 현실적으로 대단히 불안한 개념이라는 회의론이 무성했지만, 이번 개정안은 사적인 용도로 가명정보를 폭넓게 개인 동의 없이도 활용할 수 있게 한다는 내용을 담고 있다.

물론 단서 조항은 있다. "통계 작성, 과학적 연구, 공익적 기록 보존 등은 동의 없이 활용 가능"하다. 하지만 '과학적 연구'란 것이 실제 산업 영역의 활용까지 포괄할 수 있어서 거의 대부분의 상업적 활용에 문을 열어주고 있다. 특정 개인을 알아볼 수 있는 식별 정보, 즉 '개인정보' 활용 규정도 "수집 목적과 합리적으로 관련된 범위"에 있다면 정보 주체의 동의 없이 활용할 수 있도록 개정했다. 개정된 규정에 따르면 가령 인터넷 쇼핑몰과 배송업체 사이 고객의 배송 관련 개인정보를 주고받으려면 이전에는 고객의 동의를 얻었지만 이제는 그럴 필요가 없어졌다.

다음으로 신용정보법 개정안을 보자. 개인정보보호법마냥 금융 분야 가명정보의 분석과 이용, 주체의 동의 없는 가명정보의 영리적 이용을 폭넓게 허용했다. 가령 이 개정안 아래에서는 SNS에 올린 다양한 데이터 정보를 신용정보회사가 고객의 동의 없이 활용할 수 있게 된다. SNS를 통해 수집한 신용 관련 '비정형' 데이터를 해당 고객의 신규 대출이나 보험수가 등 다양한 신용평가 자료로 쓸 수 있게 되는 것이다.

이를테면 우리가 은연중 소셜미디어에 남긴 부모 형제 등 가족의 직업과 재산, 현실 혹은 페이스북 친구와의 재정 상태 관련 개인 톡, 해당 이용자의 개별 습성이나 성격 등 데이터 부스러기들의 알고리즘 가중치 분석을 통해 신용을 평가하는 일이 흔해질 것이다.

신용정보법 개정안은 개인정보 주체의 '전송요구권' 조항도 신설했다. 이제까지 은행, 보험사, 카드사, 통신사 등 여기저기 흩어져 있는 개인의 입출금 내역, 소비 정보 등 신용정보를 다른 데이터 서비스 기관으로 옮기거나 통합해 관리할 수 있는 이른바 개인 신용정보의 이동 권한을 고객에게 부여하고 있다. 이에 금융업계의 기대감이 크다.

이를 통해 데이터 수요자와 공급자를 매칭해 금융·통신·기업 정보 등 데이터 거래를 취급하는 '데이터 거래소'라는 중개 플랫폼을 만들고, 고객 맞춤형 데이터 분석이나 금융상품 추천 등 자산관리 서비스 대행업인 '마이데이터(본인신용정보관리업)' 산업을 키울 수 있게 되었다. 시민 신용 데이터의 자유로운 거래가 가능한 금융 비즈니스의 신흥 시장이 열린 셈이다.

마지막으로 정보통신망법 개정안은 주로 개인정보보호 규제와 감독 권한을 높이는 내용을 담고 있다. 구체적으로 '개인정보보호위원회'를 국무총리 소속 합의제 중앙행정기관으로 격상하는 내용을 담고 있다. 이 개정안은 내국민 개인정보보호 위상을 확대하려는 의도보다는 당장에 유럽의 일반 데이터 보호 규정GDPR이 요구하는 조건들 중 '개인정보보호 기관의 독립성' 충족을 위한 국내 제도 정비로 볼 수 있다. 한국은 이미 유럽의 GDPR에서 규정한 역외 데이터 수출 보호에 관한 적정성 승인 심사를 2번이나 탈락한 상태다.

## 데이터 주권을 지킬 수 있을까?

데이터 3법 개정안이 이미 통과되었지만, 여전히 우리가 중요하게 살펴야 할 대목이 있다. 심각한 몇 가지만 보자. 첫째, 시민 기본권으로서 데이터 보호라는 정보 인권적 법안들을 이상하게도 시장 '규제 완화'로 다루는 주류 시각이다. 인간 보편의 인권만큼 동시대 중요한 존엄의 권리인 '정보 인권'을, 일반 시장 '규제' 맥락에서 다루려는 경박함이 우리 사회를 압도한다.

데이터를 경제와 성장 에너지로만 접근하는 측에서 보면 어쩌면 이것이 당연한 귀결인지도 모르겠다. 하지만, 실제 시민이 만들어내는 데이터는 시장주의적 요청뿐만 아니라 사회문화적 보편 프레임도 필요하다. 일상의 삶 거의 대부분이 데이터로 표현되고 기록되는 그런 세상을 이제 우리는 살고 있지 않은가. 그렇다면 개인정보는 성장과 발전을 위해 매번 양보하거나 거래될 시장 품목이나 대상이 아님이 분명하다.

둘째, 유럽의 GDPR에서 규정한 역외 데이터 수출 요건을 맞추기 위해 우리 정부가 나서서 정보통신망법을 개정한 것은 형식상 옳을 수는 있으나 내용적으로 보면 대단히 유감스러운 조치다. GDPR은 오늘날 데이터 인공지능 알고리즘 기술 등 제4차 산업혁명 시대에 상상을 초월하는 개인정보 침해 문제로 인해 시민의 정보 인권을 위해 만들어진 법안이다. 즉, GDPR의 탄생 배경에는 새로운 기술 환경과 빅데이터 국면에 더욱 취약한 지위로 추락한 유럽 시민들의 데이터 권리를 보호하고 기업의 책임성을 강화하려는 법·제도 개선의 의지가 있다. 그런데 과연 우리는 GDPR의 취지를 이해하면서 이에 대응한 정보통신망법 개정을 도모했는지 심히 의심스럽다.

GDPR의 성격과 달리 우리는 주로 데이터 산업 부흥을 위한 조치들만을 명문화하고 있다. 그러다 보니 GDPR이 강조하는 시민들의 개인정보보호 취지는 눈에 들어올 리 만무하다. 우리의 GDPR 정책 대응이란 것도 국외법이 현재 우리 국가에 요구하는 데이터 교역 기준에 맞추기 위해 관련 기구를 정비하며 형식만 따라가는 웃지 못할 형국이다. 즉, '디지털 시대 시민권'에 대한 근본 철학은 온데간데없고 데이터 사업을 위해 GDPR 기준을 맞추려 허둥대는 꼴이다.

어쨌거나 이번에 한층 격상된 위원회를 구성하니, 우리는 GDPR의 요건을 충족할 수 있는 것일까? 설사 운이 좋아 적정성 평가를 통과하더라도 향후 유럽 시장에서 GDPR

의 엄격한 시민 개인 데이터 보호 조항들에 우리 기업들이 얼마나 잘 버틸지 걱정스럽다.

셋째, 국내 개인정보 관리 실태나 데이터 오남용 상황을 고려할 때 이번 데이터 3법 개정안은 약이 되기보다는 독이 될 공산이 크다. 경찰청 사이버안전국 수치로 보면 최근 10여 년 동안 발생한 개인정보 유출 사건만 2억 3,000만 건에 달한다. 전 세계 데이터 해킹 건수나 규모에서 한국은 늘 미국 다음을 차지하고 있다. 심각한 수준이다. 게다가 논쟁의 소지가 많은 '가명정보'의 상업적 활용은 개인정보 오남용이라는 불에 기름을 붓는 격이다. 추가적 정보의 활용을 통해 가명정보도 재식별이 가능하게 될 확률이 높다는 것은 상식이다. 우리 사회의 데이터 오남용이 더욱 감당하기 어려운 난제가 될 소지가 다분하다.

제4차 산업혁명의 신기술 발달을 따져보면 우리의 데이터 오남용 문제는 더욱 심각할 수 있다. 가명정보의 추가 처리 과정이 매우 손쉽게 이루어져 식별 정보로 파악될 확률이 점점 높아지고 있다. 가령 안면 인식 기술로 신원 확인은 물론이고 이제 누군가의 감정 상태나 취향을 파악하고 예측하는 일도 흔해졌다.

유럽은 GDPR에 안주하지 않고 '인공지능의 플루토늄'이라고 불리는 인공지능 안면 인식 기술을 공공 영역에서 활용하는 것을 최대 5년간 금지하고, 그 기간에 기술의 영향과 위험에 대한 평가를 의무적으로 하도록 하는 개인정보보호법안을 마련 중이라고 한다.

넷째, 언론은 이번 신용정보법 개정으로 인해 개인 고객이 금융 데이터의 조회·이동·관리 주체가 되는 '데이터 주권' 실현이 이루어질 것으로 과대평가한다. 우리 자신이 금융 정보를 관리하는 주체가 되었다고 묘사하지만, 정작 앞으로 내 개인 금융 정보를 통합해 위탁 관리하는 대행업자가 따로 있고 그들이 신흥 '마이데이터' 사업자이자 우리를 대신해 데이터 주권의 실세로 나설 공산이 크다. 진정 내정보에 대한 데이터 자기결정권을 행사하려면 더 결정적인 통제력을 우리 자신이 가져야 하는데, 과연 시민 각자가 데이터 관리 비즈니스 현장에서 그와 같은 자율의 '데이터 주권'을 지킬 수 있을지 의문스럽다.

## 개인정보보호에 침묵하는 이유

안타깝게도 문제 많은 데이터 3법 통과에도 시민의 관심이나 주목이 현저히 떨어진다. 몇 년 사이 국가인권위원회나 시민단체가 실시한 여론조사를 보면 가명정보 활용에 압도적으로 반대하는 숫자와 비교해 개인정보보호법 개정 사실에 대한 인지도는 현저히 낮다. 민감해하지만 침묵할 때는 다 이유가 있다.

추측해보건대, 하나는 대다수 언론이 데이터 3법 개정이라는 사안을 우리가 지향해야 할 시장 관련 법·제도 개선이나 경제 전문가 논의로 한정해 여론몰이를 한 정황이 크게 작용했다고 본다. 사안의 경제적·법률적 지평 너머 그것이 시민사회적 영역과 크게 포개지고 있음을 애써 밝히지 않았다.

또 하나는 우리 사회 고질의 개인정보 오남용에 대한 일반 시민의 무력감이다. 개인 데이터의 생성과 교환이 편리와 효율로 인해 강제보다는 자발적으로 이루어지는 불평등 거래가 대부분이라, 그에 대한 무기력은 더 커질 수 있다. 시민들은 매초 매분 자신의 데이터가 부지불식간에 거래되고 있음에도 이런 상황에서는 대부분 침묵할 뿐이다.

시장 성장과 시민 권익의 단순 '대립 관계'에 갇혀 있을 수만은 없다. 그렇다고 해서 그 긴장 관계를 무너뜨려 시민의 정보 인권을 크게 해쳐서는 곤란하다. 정부는 공익적이고 장기적인 안목에서 지능정보사회에 대응하는 보편의 데이터 시민 권리를 위한 국가 철학을 준비하는 일이 중요하다. 유럽의 GDPR을 제대로 보고 읽으라. 기업은 데이터 오남용을 미연에 막고, 가명정보 활용에 주의를 기울이고, 그렇지 못하면 응당한 처벌을 감내할 준비가 되어 있어야 한다.

시민들은 어렵겠지만 스스로 생산한 데이터에 대한 제대로 된 데이터 주권 행사를 할 수 있는 현실적 대안을 마련해야 한다. 단순한 데이터 보호를 넘어서 시민들이 함께 데이터를 공동 사용·관리하며 이익을 공유하는 데이터 공동

재산권 실험을 모색할 필요가 있다. 데이터 시민 권리 주장
과 더불어, 어렵더라도 신체와 두뇌 감각을 동원해 데이터
흐름의 저 너머 존재하는 기술설계를 인지하고 비판적 통찰
력에 이르는 새로운 시민 리터러시 교육도 함께 모색되어야
한다. 좀더 정보 주체들의 리터러시 함양을 통해 동시대 데
이터 시민권의 가치들을 확산하려는 노력이 필요하다.

### 제4차 산업혁명 시대의 '기술 문맹'

요새 심심찮게 언론 지면에 '리터러시'라는 용어가 오르내린다. 리터러시는 '문해력' 혹은 '문식력'이라는 우리말로 옮겨 쓰이기도 한다. 이 번역어들은 초창기 리터러시 개념의 출발을 가늠해볼 수 있는 단서를 담고 있다. 역사적으로 이는 근현대 시절 지식인들의 정보 점유물이었던 인쇄된 신문과 책자를 일반 대중이 두루 읽고 독해할 수 있도록 문맹률을 낮추던 시기와 맞물려 있다. 즉, 초기 리터러시는 대중의 문맹을 극복하기 위한 일종의 국가 계몽 프로젝트로 시작되었다. 대중이 호응할 수 있는 최소 수준의 말길이 열리지 않으면, 그 어떤 국가 통치성의 논리도 작동하기 어려웠던 까닭이다.

바야흐로 21세기형 리터러시 개념은 좀더 첨단의 신기술 시대에 적합한 시장 인간형 양성에 집착하는 듯 보인다. 흔하게 쓰던 '미디어 리터러시'라는 용어와 더불어 최근에는 '디지털 리터러시', '데이터 리터러시', '정보 리터러시' 등 개념들이 두루 쓰이고 있다. 단일의 통일된 쓰임새를 얻고 있지 못하지만, 이들 리터러시의 용어법에서 내리는 정의나 접근은 흥미롭다.

가령, '제4차 산업혁명 시대를 견디는 필수 능력', '초연결 시대 데이터 활용 능력', '지능정보사회의 새로운 국가 경쟁력' 등이 이들 리터러시 개념의 중요한 슬로건이자 설명 논리로 등장하고 있다. 한마디로 첨단의 디지털 국면에 맞게 시민 개개인이 기술 감각을 몸에 익혀 도태하지 말고 시장 생존이 가능한 기술 경쟁력을 배양하자는 뜻으로 읽힌다.

이들 동시대 리터러시는 텔레비전을 켜기만 하면 흘러나오는 '5G' 이동통신사 광고, 가전 재벌사들의 미래형 전자제품 광고, 정체불명의 '제4차 산업혁명'에 우리를 닦달하는 정부의 슬로건들과 잘 어울려 포개진다. 즉, 초창기 리터러시의 탄생과 흡사하게 이 또한 21세기형 국가 계몽 프로젝트와 비슷해져간다.

시장에 쏟아지는 신기술의 세례와 정부의 과학기술 대중화 사업 속에서 시민들의 기술 감각은 극도로 예민해졌다. 요새 리터러시의 주류적 시각으로 보자면 꽤 성공적이다. 스마트 영상, 빅데이터, 초고속 통신, 플랫폼, 사물인터 넷을 매개한 전자 소통의 급증은 우리 인간의 정보 활용 능 력을 더욱 빠르게 확장하고 있다. 하지만, 아이러니하게도 우리 대부분은 끝없이 출시되는 신기술을 부지런히 활용해 도 이상하리만치 기술의 이해도가 떨어지는, 즉 기술 통제 력이 퇴화하는 상실감을 지속적으로 맞닥뜨린다.

가령, 우리 대부분은 스마트폰 배터리 한번 직접 갈아 본 적이 없거나 직접 교체할 하등 이유가 없는 무기력한 상 태에 놓여 있다. 테크놀로지의 설계를 이해하거나 고쳐 쓰 는 대신 신기술을 둘러싼 기능과 효율에만 집착하며 생긴 부작용이다. 우리는 일종의 신종 '기술 문맹'의 길로 접어들 고 있다고 볼 수 있다. 다들 어떤 기술을 다루는 데는 귀재이 나 그 원리를 파악하는 데는 문맹 상태에 놓여 있는 것이다.

기술 문맹은 오늘날 자본주의에서 당연히 예견된 일인 지도 모른다. 우리는 언제부터인가 테크놀로지의 '진부함' 과 '구식'에 불편해하고 최신 기종과 첨단 사양을 지닌 사물 에 열광하도록 길들여졌다. 정보 자본주의 체제는 테크놀로 지의 내면을 들여다볼 권리나 거의 모든 지적 재산에 대한 접근권을 대다수 시민에게서 박탈해갔다. 독과점적 시장 소 비를 촉진하기 위해 기업가들은 기술설계의 우회적 접근을 금지했다.

게다가 늘 쓸 만한 물건임에도 '최신'의 욕망을 주조하 면서 이를 '계획적 진부화planned obsolescence'를 도모하거나

강제로 폐기하는 식이었다. 그러면서 우리 대부분이 사물과
의 긴장 관계를 유지해왔던, 고쳐 쓰는 손과 몸의 감각은 퇴
화를 거듭했다. 이제 현대인은 법적으로도 스마트폰 등 기
계 내부를 열어볼 권리를 상실한 것은 물론이고, 그것을 열
어보더라도 그 설계를 이해하거나 어찌할 능력도 부재한,
무기력한 종족이 되었다.

## 코딩 붐과 인문학 혐오

국내 교육 현장에서는 급한 김에 신생 테크놀로지의 이해력
을 배양하는 방법으로 '코딩' 교육을 택했다. 일반적으로 코
딩이란 특정 소프트웨어를 만들기 위해 디지털 코드 체계를
제작하는 행위에 해당한다. 주로 이는 알고리즘을 짜는 '소
프트웨어 코딩'으로 요약되기도 하지만, 3D 프린터나 아두
이노arduino 등을 활용해 최종 결과물을 산출하는 '하드웨어
코딩'을 지칭하기도 한다. 즉, 코딩 교육은 유무형의 테크놀
로지를 자원으로 창의적 프로그래밍을 행하는 현장이라 볼
수 있다.

　문제는 코딩 학습이 최소 수준의 리터러시, 초기 신문
문해력의 시대처럼 동시대 특정 테크놀로지를 읽고 쓰는 능
력만을 익히는 수행 학습에 집중하는 데 있다. 물론 코딩 교
육에도 질적으로 달라진 양상이 있다. 소위 주입식 교육이
아닌 코딩 학습자의 '재미'와 '호기심'에 기댄 창의적 코딩

의 방법론이 그것이다. 아쉽게도 딱 그 정도다. 문제는 급변하는 기술 현실에 제대로 대응하려면 단순 흥미 유발에 기댄 창의적 코딩 교육만으로는 부족하다는 데 있다. 적어도 우리식 코딩 교육에는 동시대 기술 문맹의 원인들에 도전하는 기술 성찰적 접근이 부재하다는 맹점을 지닌다.

이공계 코딩 붐을 통한 한국 경제 부흥론을 외치는 우리 사회의 신생 흐름은 그렇다 치더라도, 때로는 이의 과열이 인문학 혐오 증세와 맞물려 사뭇 뒤틀린 모양새를 보이기도 한다. 입시 청소년이나 대학생들은 이미 오래전부터 문과 기피 현상을 보여왔다. 최근에는 '문과충'이나 '문레기' 등 인문학을 낮춰 부르고 공격하면서 그 극단적 징후까지 보여주고 있다. 우리 사회 밑바닥에서 퍼지는 '반지성주의'만큼이나 공학적 세계관을 우상화하고 인문학을 하찮게 여기는 혐오 정서가 깊어지고 있다.

가령, 한 방송에서 유시민 작가가 한 '이과' 출신 출연자에게 '문송하다'라는 표현을 해 두고두고 세간의 회자가 된 적이 있다. 과학기술의 문외한이라 여긴 '문과' 출신 구관료의 겸양으로만 보기에는 우리에게 여러모로 생각할 거리를 던진 공인의 발언이었다. 우리 사회 내 인문학적 자존감의 수준을 무의식적으로 드러낸 중요한 에피소드로 기록할 만하다.

일부 엘리트 과학자나 기술혁신론자가 비슷한 맥락에서 현 정부에 경멸의 뉘앙스를 덧대어 소위 '인문학 정부'로 묘사하는 일도 간혹 있다. 현직 관료들의 과학기술 전문성 부재를 얕잡아보는 언사다. 이 또한 인문과 과학기술을 물과 기름처럼 섞일 수 없거나 아예 인문학이 과학기술의 발전에 걸리적거리는 액세서리나 구색 정도로 보는 사회의 실용주의적 편견이 반영되어 있다.

오늘날 '문송'식 자괴감이나 문과 혐오 문화는 제4차 산업혁명 등 시장 신기술이나 공학적 세계관을 경제성장의 기치로 삼아 한 사회 전체를 오랫동안 동원하면서 빚어지는 후광 효과로 볼 수 있다. 비슷하게는 이런 논리를 코딩 학원 교육이나 현실 무비판적인 리터러시 교육 개념에서 또다시 복제하면서, 사태는 더욱 악화되는 추세다. 이에 비해 첨단 테크놀로지 중심의 열광이나 성장주의 패러다임에 대한 균형 감각을 키우자는 비판적 논의는 거의 실종 상태다. 우리의 기술 문맹 상태를 극복하는 데 인문사회적 감각이 동시대 테크놀로지의 문제를 다루기 위해 여전히 유효함에도 이에 대부분 냉담하다.

물론 리터러시 관련 학계 논의를 보면, 줄곧 새로운 미디어를 매개해 정보와 지식에 대한 이용자의 자율적 활용 방식과 비판적 해석 능력을 눈여겨봐왔던 것도 사실이다. 초기에는 미디어 콘텐츠를 어떻게 이용자가 선택적으로 수용하고 해석하는지에 관한, 시청자의 자율적 미디어 해석 능력을 주로 지칭하는 의미로 리터러시 개념을 사용했다. 좀더 최근에는 미디어 기술 이용자의 능동적 해석 능력에 덧붙여 유튜브 콘텐츠 제작이나 하드웨어 코딩 등 제작 시장에서 발휘되는 '생산자' 혹은 '제작' 능력을 강조하고 있기도 하다.

문제는 능동적 이용 혹은 제작 능력에 환호하는 리터러시 개념이란 유튜브 등 온라인 세계 속 불나방들이나 꿀벌들처럼 데이터와 콘텐츠를 만들며 명멸하는 수없는 이를 마주하며 좌초할 수밖에 없다는 데 있다. 도도한 후기자본주의의 기술권력 앞에서 이렇듯 이용자 낙관론을 펼치는 일은 순진하다는 말이다.

## 성찰 없는 메이커 문화

기술 문맹을 깨치기 위해 시도되는 또 다른 우리 사회의 큰 흐름으로 이른바 '제작(메이커) 문화'를 보자. 안타깝게도 이 또한 민간 자율의 동력이라기보다는 정부 유관 기관들과 지자체가 주도력을 행사하고 있다. 시민의 리터러시 감수성을 높이기보다는 제4차 산업혁명의 요소 기술 중 하나인 '메이커' 제조 스타트업 활성화 사업으로 그 전망이 협소해졌다. 이는 기술 반성적 가치를 제고하는 제작 행위의 사회적 역할과는 거리가 멀다. 우리의 제작 문화는 아예 성찰적 기술 문화의 급진적 상상력이나 계기를 심각히 탈각해냈다.

가령, 전국에 산재하는 '메이커스페이스'라 불리는 제작 공방들은 창업자들의 전진기지가 되면서, 고용 없는 정년 일자리들을 양산하고 정량적으로 실업률 수치를 낮추는데 주로 활용되고 있다. 유무형의 기술 장치를 만지며 자본주의의 기술설계를 거슬러 더듬어보며 이해하는 시민 리터러시의 공적 가치 논의는 여기에서도 부재하다. 하드웨어 코딩과 제작을 통해 그럴듯한 '굿즈goods' 생산을 강요하는 시장가치만 득세하는 꼴이다.

관련 제작 교육 현실도 이와 크게 다르지 않다. '먹고사니즘'의 문제로 협소하게 정의된 메이커 문화를 산학 협력의 미래이자 코딩 리터러시 교육의 주된 접근으로 삼고 있다. 학생들 대상 워크숍이나 지자체 시민교육 현장에서 일정 부분 '재미'나 '흥미' 효과를 발휘하는 듯 보이긴 한다. 그렇지만 특정 기술이 배태되는 사회적 과정이나 정치경제학적 원리를 이해하려는 탐색의 과정이 생략되면서 주류 리터러시 교육은 기술 층위의 피상적 활용에만 머무르는 경향이 크다.

따져보면 불과 얼마 전만 해도 스스로 무엇인가를 제작하는 행위, 즉 두뇌와 양손을 써서 사물의 본성을 더듬고 변형을 가하는 능동의 제작 과정은 인류의 일상적인 삶이었다. 평범한 인간들이 생활 속에서 벌여왔던 제작 행위는 테크놀로지 사물을 만지면서 무언가 목적하는 작업 수행에서 얻는 희열과 함께, 그것의 원리를 깨닫고 터득하며 느끼는 의식의 각성을 수반해왔다.

언제부터인가 우리는 이와 같은 제작하는 몸의 기억을

모두 잊게 되었고, 구조와 물질세계의 이치를 진지하게 따져 묻는 비판적 자세와 태도를 내쳤다. 결국, 오늘날 한국 사회의 인문학 혐오와 결합된 기술 문맹이나 코딩·제작 문화의 박제화는 이미 우리 대부분이 상실한 몸 감각을 놓고 보면 충분히 예상할 수 있는 부산물이다.

## 테크노포비아와 테크노토피아를 넘어

나는 인간의 잃어버린 기술 감각 회복을 이야기하면서 오래전부터 '수작手作'이라는 개념의 중요성을 힘주어 언급해왔다. 수작에서 '손'은 물리적 신체의 일부이자 연장이지만 더불어 뇌와 연결되어 창작·제작 수행 행위를 통해 사물의 원리를 깨치려는 근원이기도 하다. 수작의 말뜻은 직접 손을 움직여 감각하면서 사물에 힘을 가해 무엇인가를 만드는 행위를 지칭하지만, 그 숨은 뜻은 만드는 행위 너머 우리를 둘러싼 사물과 기술이 지닌 맥락을 이해하고 성찰적 지혜에 이르는 비판 의식적 수행 과정까지를 포괄한다.

수작은 테크놀로지에 반하는 과거 회귀나 반문명적 태도와 거리가 멀다. 수작은 잃어버린 몸 감각과 사유를 일깨우고, 하이테크 권력 질서에 대한 독법을 키우고, 이로부터 기술과 인간 공생의 대안을 상상하는 능력까지 확보하려는 기술 성찰의 방법에 해당한다.

여전히 난제는 있다. 과연 서내한 신기술의 파고 앞에

서 이렇듯 아마추어 시민들이 매달리는 수작이나 제작 행위로 도대체 무엇을 할 수 있을까 하는 의문이다. 물론 이는 과학기술자들의 전문 영역을 대체하려 하지 않는다. 오히려 시민들의 수작과 제작 행위는 신기술에 흡착되어 시스템 기능만을 숙달하는 직능적인 접근을 넘어서기 위한 자율의 시민 기술 감각으로 봐야 한다. 동시에 과학기술자 등 전문가 집단을 긴장하게 하는 시민 추동의 암묵지暗默知적 활력으로도 볼 수 있다.

구체적으로 수작은 무엇보다 테크놀로지에 대한 비판적 성찰이나 민주적 기술설계가 어떻게 가능할 수 있을지에 대한 시민사회 공동의 합의 과정과 실천력을 구상하는 일에 가깝다. 이를테면, 수작을 통한 리터러시는 무언가 만들고 해체하는 수행적 과정을 통해 자본주의 기술 비판 감각을 획득하기도 하지만, 동시에 소비를 조장하는 자본주의의 반생태적 '폐기 문화throwaway culture'와 싸우는 법을 함께 고민하도록 이끈다('폐기 문화'는 '계획적 진부화'와 흡사한 자본주의 소비 전략에 해당한다).[60] 이는 약탈과 배제의 자본주의적 기술 용도를 재설계하고 '용도 변경re-purposing'해 공생공락의 기술 상상력을 불어넣을 수 있는 시민 기술 역량을 키우는 일이다.

리터러시의 시민사회적 전망은 인문교양 옹호론(테크노포비아)이나 인문학 혐오론(테크노토피아)의 양극단으로 사회의 기술 전망이 퇴행하는 것을 막는 일이기도 하다. 이는 좀더 개방된 시민 수작이나 제작 과정을 통해 이제 인간과 테크놀로지의 밀도 높은 관계를 수용하면서도 우리 사회의 기술 특수성을 진지하게 고민하는 숙성된 시민교육법을 고려한다. 이를 위해서는 기존 코딩·제작 문화의 효율과 기능에 기댄 주류 논리를 넘어서서 기술 비판적 관점에서 리터러시 프로그램을 구체적으로 기획해야 한다. 이것이 우리 사회 고질의 인문학 혐오와 기술 문맹을 깨는 길이기도 하다.

# 커먼즈와 플랫폼이
만나다

## 공동 자원의 자율 생산 조직체

자본주의의 무한 탐욕을 끊기 위한 또 다른 대안으로 '커먼 즈commons' 운동이 주목받고 있다. 국내에서 '커먼즈'는 '공유지', '공통적인 것', '공통재(계)', '공동 자원(론)', '시민 자산', '공유자원', '사회연대경제' 등으로 번역되거나 상호 교환적으로 쓰이고 있다. 커먼즈가 다루는 자원은 크게 우리를 둘러싼 물질(물, 공기, 공원, 숲 등)과 비물질(데이터, 소프트웨어, 지식 등) 자원을 아우른다. 마을공동체 등 선물경제에서 진화한 커먼즈 운동은 이제 시민들 스스로 삶의 공동 터전 속에서 호혜와 공생의 가치를 도모하는 풀뿌리 시민운동으로 성장하고 있다.

커먼즈라는 말의 어원은 '함께com-' '의무를 진다munis' 는 뜻이 합쳐 이룬 말로, 풀어보면 공동의 의무를 지닌 구성 원들이 유지하는 유무형 공동 자원의 자율 생산 조직체라 볼 수 있다. 즉, 커먼즈는 그 어원에서 알 수 있는 것처럼, 단 순히 원시의 물리적 장소 혹은 텅 빈 데이터 공간이라기보 다는 이미 그곳에 특정의 사회관계가 존재하고 그것의 이용 을 조직하는 구성원 공동체의 '권리' 개념이 굳게 터 잡고 있다고 볼 수 있다. 보통 커먼즈 운영에는 한 사람 이상이 참 여해 협력과 유대를 맺고 공동 자산이나 유무형 자원을 함 께 일구기 위해 내규內規를 만들고 지속가능한 가치를 끌어 내려고 한다.

무엇보다 오늘날 커먼즈 운동은 기업私有과 정부公有에 의존하던 자원 관리나 경영 방식을 벗어나 시민 자치의 협 동적 자원 관리共有 방식을 선호한다. 물론 여기서 '공유(커 머닝)'는 오늘날 공유경제의 '공유(셰어링)', 즉 플랫폼 자원 의 기능적 중개와 효율 논리와 다르다. 이는 특정 자원을 매 개한 구성원들 사이 공동 이익을 도모하는 새로운 호혜적 관계의 생성에 방점이 있다. 다시 말해 '커머닝commoning'은 자본주의적 자원 수탈과 승자독식 논리를 지양하고, 시민들 이 유무형 자원들을 그들의 직접적 통제 아래 두고 이를 공 동 관리하며 다른 삶의 가치를 확산하는 과정에 해당한다.

따져보면, 커먼즈는 이미 인류 역사와 함께했다. 가령, 숲, 토지, 수로, 어장 능의 자원을 관리하는 선동 마을이나 부족 공동체 문화가 그것이다. 이들 대부분은 자본주의 시장 바깥에서 주류 사회의 흐름에 그다지 영향을 미치지 못하면서 외딴 섬처럼 고립되어 있다는 약점을 지녔다. 그렇지만 전통 커먼즈는 고유의 환경 자원에 기초해 지구 생태 규칙을 지키기 위해 노력했다. 반면 오늘날 커먼즈 운동은 지역에 뿌리를 내리지만 전 지구적으로 더불어 같이하는 공생과 호혜성의 가치를 외부로 확장하는 능력과 상호 결속력이 뛰어나다. 많은 부분 인터넷과 플랫폼 혁신 덕분이다.

문제는 그동안 우리 사회가 플랫폼 도입을 심각한 성찰 없이 이를 '혁신'이니 '공유'니 하며 포장해오면서 실상 조직 설계 원리로서 '커먼즈'의 실질적 내용을 망각해온 데 있다. 그래서일까, 플랫폼 기술은 현실에서 온전히 사회 포용적 기능을 발휘하지 못하고 인간 노동을 속박하는 불완전한 기계장치로 쓰이고 있다.

무엇보다 시장 기능주의적으로 설계된 자본주의 플랫폼에는 커먼즈적 상생과 호혜의 가치가 들어설 여지가 없었다. 플랫폼 기술설계에 자본 욕망이 우위에 서고 도구적 합리성이 압도하면서, 다른 대안의 설계 가능성이 일시적으로 닫히고 막히게 되었다. 하지만 플랫폼은 언제든 우리의 필요에 의해 또 다른 경로 설정이 가능하다는 사실을 상기할 필요가 있다.

## 인간과 기계의 공존

오늘날 커먼즈 운동마냥 서로 더불어 사는 삶을 진작하는데 신기술 인프라의 결합이 필수는 아니더라도 점점 더 중요한 요건이 되어간다. 가령, 배송을 위해 촌각을 다투는 배달라이더들이 한데 모이기 어려운 현실에서, 플랫폼 조합원 공동의 의사결정과 피드백을 위한 모바일 앱이 있다면 이들의 노동조건이 크게 달라질 것이다. 즉, 플랫폼 기술의 도입과 운영의 기본 원칙을 구체적으로 마련하는 일은 공생의 커먼즈적 가치 고양과 맞닿아 있다고 볼 수 있다. 아직은 추상적 수준일 수 있지만, 플랫폼 자본주의의 기술적 야만성을 조금이라도 지우기 위한 최소값을 몇 가지 제안해본다.

첫째, 사회적으로 플랫폼 기술을 도입한다고 하면 상생의 가치를 기본 전제로 하고 플랫폼 등 자동화 기술 도입 효과를 늘 신중히 따져야 한다. 인간과 기계 사이 공존의 사회적 균형 감각이 무엇일지를 고민하는 일이 중요하다. 가령, 톨게이트의 '스마트 톨링smart tolling' 계획, 소비 유통업체의 무인 계산대, 카풀과 배달 플랫폼 노동의 사례들처럼, 자동화 테크놀로지를 통한 산노동의 사회적 대체 혹은 보완 효과에 우리는 신중하게 접근해야 한다.

보통 무인 자동화 논의에서 생략된 것은 플랫폼 등 기술 자동화 수준을 정하기 위한 사회적 합의와 동의 절차다. 결국 상생과 포용의 시각에서 자동화 수준 결정이 필요한 데, 이는 당장 취약 노동 보호책 마련은 물론이고 먼 미래 산 노동과 영리한 기계장치의 호혜적이고 앙상블적 관계를 유지하기 위한 전략적 제휴의 시도이기도 하다.

둘째, 신기술 플랫폼이 주는 효율과 편리의 기능만을 살피기 이전에, 과거와 질적으로 다른 기술사회의 모순과 문제 지점들을 읽어내려는 기술 비판적 접근법이 필요하다. 디지털 플랫폼은 우리 사회에 아주 새로운 권력 관계와 노동 조직문화를 만들어내고 있다. 가령, 플랫폼 장치에서 핵심적으로 작동하는 인공지능 알고리즘은 신종 사회 권력으로 등장하고 있다.

플랫폼 알고리즘 명령 장치들이 비가시적 층위에서 '내장된embedded' 설계 구조로 굳어지면서, 인간 신체에 미치는 신흥 노동 관리자가 되고 있는 것이다. 경영이나 통치 행위를 대신하려는 플랫폼 알고리즘의 비인격적 통제 지위에 대한 우리 사회의 지속적 관심이 필요한 대목이다. 이는 기업들의 알고리즘 장치가 지닌 속내를 전혀 알기 어려운 플랫폼 기술의 폐쇄성, 즉 '잠금상자lockbox' 혹은 '암흑상자' 상황을 타개하는 일과 연관된다.

셋째, 플랫폼 기술 도입 시에 이제까지 디지털 공유 문화 확산에 기여해왔던 자유·오픈소스 소프트웨어Free and Open Source SW, FOSS나 '동료 생산Peer Production(P2P)' 방식 등 기술민주주의의 역사 경험을 적극 참고할 필요가 있다. 공유 문화적 유산은 커먼즈적 가치를 구현하려는 조직에 적절한 기술 시스템으로 기능할 확률이 높다. 즉, 개방형 플랫폼은 참여 구성원들 사이 민주적 의사결정 과정과 소통, 수익과 분배 등 거래 투명성을 보장할 수 있는 호혜의 조직 인프라를 구축하는 데 크게 기여하리라 본다.

가령, 뉴질랜드에 있는 엔스파이럴Enspiral은 그들의 커먼즈 가치 확장 실험에 좀더 개방된 플랫폼 기술을 적용해 상당히 주목받았다. 엔스파이럴은 소프트웨어 개발자, 법률과 금융 등 전문가와 다양한 스타트업 벤처가 함께 모여 이룬 커먼즈 지향의 오픈형 네트워크 조직이다. 커먼즈의 구성원들은 참여와 의사결정을 오픈소스 플랫폼 '루미오Loomio'에서 공동의 협력투자 플랫폼인 '코버짓Cobudget'을 통해 조직 소통을 투명하게 진행하고 있다. 이들 구성원의 공유자원이 주로 기술지식과 혁신 아이디어라는 점에서 엔스파이럴의 플랫폼 기술 적용의 밀도는 다른 결사체에 비해 꽤 높다고 볼 수 있다.

## 기술로 매개된 공동 운영 체제

넷째, 개별적으로 파편화된 플랫폼 노동 주체들의 결사체 마련을 위해서라도 디지털 플랫폼의 조직 활용도를 높이는 일은 중요하다. 실제로 플랫폼 기술을 매개해 육체노동과 데이터 노동을 제공하는 신종 노동군의 결사와 연대가 최근 우리 노동권에서도 시급한 과제로 떠오르고 있다. 예컨대,

노동자로 불리지 못하고 노동조합을 가질 권리도 얻지 못했던 미조직의 비정규직 노동자들을 묶고 그들의 문제를 기술 플랫폼을 매개해 해결하려는 '권리찾기 유니온'의 결성도 중요한 사례다.

이들 유니온을 활성화하기 위해 민주노총은 플랫폼 노동자 보호를 위한 디지털 플랫폼, 일명 '유니온크래프트 Union Craft'를 가동할 예정이다. 곧 이 디지털 플랫폼은 특수 고용직 노동자 관련 뉴스나 정보 제공, 노동 상담과 게시판, 교육 프로그램 운영, 의제별 대화나 단체방을 마련해 참여자들의 노동권 보호에 일조하리라 본다.

다섯째, 플랫폼에 걸쳐 생성된 공동 자원과 공유 지식을 시민사회 스스로 보호할 수 있는 법적 장치 마련도 중요하다. 구체적으로 자본주의 재산권 체제 안팎에서 작동할 수 있는 탄력적 라이선스license 적용이 요구된다. 이를테면, 공동 소유를 위한 '사회적 특허'나 커먼즈 기반의 개방형 라이선스 모델을 응용할 필요가 있다. 가령, P2P 재단 대표 미셸 바우웬스가 제안한 '카피페어CopyFair' 라이선스도 참고할 만하다. 카피페어는 커먼즈 구성원들 사이 무상의 공유를 허용하는 대신, 공동체 작업 결과를 상업적으로 획득하려는 외부인에게 사용료 지불을 요구하는 공동 재산권 모델이다. 물론 이는 현존 저작권 체제 아래에서 작동하는 탄력적 모델이다.

동시에, 커먼즈 내부의 공동 소유권을 지구촌 다른 커

먼즈들과의 협력과 연대를 위해 적용 범위를 넓힐 필요도 있다. 즉, 공동의 지향을 지닌 전 세계 커먼즈 자원들 사이의 상호 개방을 통한 일종의 글로벌 커먼즈 라이선스 기획이 가능하다. 예컨대, 지구 한편의 개별 커먼즈의 인프라와 축적된 지식을 다른 세계의 커먼즈들과 상호 공유하는 '무브 커먼즈Move Commons' 라이선스 모델이 적절한 사례일 것이다. 이 라이선스는 시민 공통 자원 상황을 전 지구적으로 파악해 상호 연대 가능한 커먼즈 자원들을 발굴하고 상호 엮는 창구 구실을 하고 있다.

여섯째, 플랫폼의 커먼즈적 공생공락의 가치 확산을 위한 지원체 조직 혹은 비영리 재단의 구성이 시급하다. 예를 들어, 엔스파이럴은 내부 구성원들의 개별 수익 활동과 별도로 공동의 비영리 재단을 운영하고 있다. 협동조합 방식으로 운영되는 이 재단은 구성원의 네트워크 기술 인프라 유지와 개발, 공동 기금 관리(참여 구성원 수익의 재단 기여율 20퍼센트 책정), 사회적 가치 창출(투자 주식에서 수익 상한제 등 도입), 미래 투자 결정 등 커먼즈 가치를 확산하는 일종의 공동 지원 허브 역할을 맡고 있다.

## 호혜와 공생의 커먼즈

커먼즈의 가치를 배양하기 위한 중간 조직체는 개별 커먼즈 단위에서 만들어질 수도 있지만, 중앙정부나 지자체에 의해 큰 규모의 커먼즈 지원 조직체로 구상될 수도 있다. 우리와 같이 커먼즈 터전이 미약한 사회에서 메타 지원 조직체들은 구성원들 간 공동 자원 생산과 지식의 사회화는 물론이고, 주로 커먼즈 플랫폼 투자 매칭과 연대기금 관리, 플랫폼 구축과 기술 지원 서비스, 커뮤니티 도구 개발, 프로그램 지원과 교육, 커먼즈 기반형 플랫폼 모델 개발 등 커먼즈 가치를 배양하는 인큐베이터이자 랩Lab(임상 실험실) 역할을 중점적으로 떠맡을 수 있을 것이다.

커먼즈의 자생력은 중앙정부나 지자체와의 협력 없이는 굳건히 유지되기 쉽지 않다. 서울시는 '공유 도시' 촉진을 위해 국내 플랫폼 시장 스타트업 후보 리스트를 만들어 선택 지원하는 방식을 벗어나야 할 것이다. 사회적으로 커먼즈 가치의 지속가능성을 확대하려면 좀더 사회 저변 커먼즈 인프라 마련에 집중하는 편이 낫다. 서울시는 이미 다양한 의제를 통해 해외 주요 혁신도시들의 커먼즈 경험들을 함께 공유하고 나누는 핵심 창구 역할을 하고 있다고 본다. 어느 정도 쌓인 내부 역량을 모아 바깥의 경험을 참고하고 국내 현실에 맞는 기반 인프라를 지원하는, 커먼즈의 '동반자'적 역할을 고민해야 한다.

우리에게 커먼즈는 아직 낯설고 설익은 상태다. '공유'라는 말 또한 심히 오염되어 저어된다. 그동안 플랫폼 공유경제의 주류 선점 효과가 컸다. 가능하면 우리식 '커먼즈' 용어법을 창안해내야 한다. 그리고 비록 커먼즈라는 이름값을 갖지는 않더라도 이미 우리는 이와 유사한 호혜와 공생의 경험적 실체를 갖고 있다. 이들의 사회적 성과를 갈무리하고 확산해야 한다. 물론 장기 과업은 신기술로 인해 크게 열린 커먼즈 운동의 지평을 어떻게 사회 전환을 위해 다루고 응용할 것인가 하는 것이다.

# 에필로그
# 인간중심주의의 오만과
# 지구 회복력

오늘날 생명종들의 자기 진화는 놀랍다. 인간이 버린 반려견들은 우리의 야산에서 들개로 자라면서 먹이사슬의 최상위 육식동물로 등극했다. 코끼리는 생존을 위해 상아의 성장을 억제하며 자가 진화했다. 지구 동물종 개체수의 감소와 함께 관찰되는 새로운 생물학적 징후다. 이미 알려진 대로 동물원을 제외하고 지구환경은 품종 개량되어 사육된 가축 농장과 반려동물만 차고 넘친다. 동시에 1970년대 이후 지구상 척추동물의 60퍼센트가 사라졌다.

2019년 9월 발생한 '호주 산불'은 이상고온과 건조 현상을 동반하며 서울의 80배가 넘는 면적을 잿더미로 만들었고, 코알라 등 토종 자연 동식물의 고사 상태를 초래했다. 인간의 자연과 사회 지배 효과가 직간접적으로 자연 생태종

축소는 물론이고 종 변화까지도 이끌고 있다.

다른 한편으로, 인공지능 기계종과 생태학적 돌연변이 생물종이라는 비예측적 비인간의 확산도 거대한 흐름이다. 인간처럼 생각을 하지만 심장은 없는 비인간 생명종의 공존 상황은 그저 공상과학 영화 속 상상만이 아니게 되었다. 유전공학, 나노테크놀로지, 인공지능 등은 인간과 비인간의 경계를 점차 무너뜨리고 있다. 인간에 의해 직간접적으로 벌어지는 자연의 물질대사 교란은 실상 끝간 데 없이 펼쳐지고 있다. 하지만, 이 생명종과 신종 비인간들의 종種 교란은 지구 생태 균열의 얼마나 작은 일화인가?

동시대 '인류세' 위기는 지구의 종 생태 교란과 멸종의 서사를 넘어선다. 이는 지구의 역사와 행성으로서 지구 시스템의 문제이기도 하다. 이에 비해 국내 '인류세' 논의는 거의 부재한 상태다. 혹 존재하더라도 지구 생태 논의로 촉발된 위기 상황을 여전히 모더니즘 과학론에 기댄 계몽주의적 해법에서 바라보거나 기존 환경 보호 프레임 내에서 인상 수준에서 접근하는 논의가 거의 대부분이다. 선도적으로 논의의 흐름을 잡아가야 할 지식인 사회도 아직 서구 학계에서 논의되고 있는 '인류세'에 거의 무감각하다.

대한민국은 서구 선진국들에 비해 후발주자지만, 동아시아 경제개발 시스템의 한 축을 담당하면서 생태 균열과 생명 파괴를 이끈 발전주의의 상징적 국가이기도 하다. 그렇지만 바로 최근까지도 우리 정부는 '제4차 산업혁명'이라는 또 다른 형태의 과학기술 성장과 발전 논리에 성마르게 덤비는 모습을 보여주고 있다. 인류의 생태 미래와 합목적적으로 공존할 수 있는 과학기술의 문제에 대한 어떤 미래 국가 의제도 만들어내지 못하고 있다.

역사적으로 탄소 경제 중심의 성장 욕망이 만들어낸 생태 균열의 초래에 대한 본질적인 성찰은 물론이고 이에 새로운 국가 해법을 마련하려는 사회 합의조차 시작되지 못하고 있다. 가시적으로 우리의 폐부를 찌르는 중국발 황사와 초미세먼지로 인해 우리는 주로 중국에 많은 원망의 화살을 겨냥하지만, 우리 자신이 서구 자본주의 열강들과 함께 오늘에 이르기까지 동아시아 탄소 경제 개발 체제의 중요한 한 축을 담당했던 그 책임에서 자유롭지 않다.

지구 생태 교란은 애초 인간 약자뿐만 아니라 '인간 아닌in-/non-human' 비인간종의 고통과도 맞물린다. 지구 생태 위기는 다른 생명종들에 대한 종 차별주의, 동식물 학대, 생명 실험과 재생산 기술 사유화, 생명종의 기계 수탈 체제 등과 깊숙이 연계되어 있다. 이는 인간 외의 것을 열등의 생명체나 사물로 보고, 그의 관리와 지배를 인간의 것으로만 여겼던 '인간중심주의anthropocentrism'적 오만의 결과다. 실제로 인간 아닌 지구 생명들은 우리와 함께했지만, 인간의 욕망으로 종 절멸의 상태에 이르고 끊임없이 사육되며 삶의 터전을 상실해갔다. 산 생명을 거래되는 식품과 상품으로만 간주한 까닭이다.

최첨단 기계 자동화 과정을 구비한 대기업 중심 농업과 공장 축산, 복제와 돌연변이 식물·동물 등 생명종들은 인간의 실험실 과학이 빚은 결과이자 부산물로 새롭게 탄생했고 버림받았다. 그 외에도 수많은 가축종의 비윤리적 사육과 양식장, 강제 교배와 인공수정 등 생명 재생산 기술의 착취, 실험실 임상실험과 복제 종, 길냥이와 버림받은 야생 개, 플라스틱 지구에 상처 입은 생명체, 생명 농장들의 비인간적 사육시설에 갇힌 각종 공장 축산형 동물과 살처분 등은 이제 흔한 자본주의적 풍광이 되었다. 기술 소외로 추방당하고 노예적 삶을 이어가는 인간마냥, 상처 입은 이들 비인간종을 경시하는 반생명주의적 양태가 지구촌 도처에 팽배하다.

타자와 인간 아닌 생명종들에 대한 기본적인 공존과 공생의 미덕만 갖추었어도 지금과 같이 코로나19와 같은 감염병 재난이라는 '인류세' 시나리오는 그리 흥행하지 않았을 것이다. 그래서 첨단의 기술로 인간이 만든 자동화 기계 창조물이 우리에게 또 다른 미래 생존 비전을 선사할 수 있다는 신화는 또 다른 인간 오만의 연장일 확률이 높다. 더는 발전주의 신화에 얽힌 테크놀로지를 숭배하는 미래 지구 설계는 허망하고 기대를 해서도 곤란하다. 실패와 배반의 반복일 공산이 크다. 그렇다면 '불타오르는 지구' 위 모든 생명종의 기술 예속과 파탄 앞에서 이제 우리는 무엇을 할 것인가?

이 책에서 본 것처럼, 기술 숭배는 지켜야 할 많은 것을 파괴하고 교란 상태로 이끌어왔다. 이제 우리가 할 일은 첨단 과학기술 중심의 성장과 발전주의 세계관을 바꾸는 것이다. 인간 생태발자국이 만든 폐허에서 재기 가능한 수준의 지구 회복력과 노동하는 삶의 존엄을 고려한 과학기술의 새로운 대안적 전망이 필요하다. 이는 생태(생명) 지구의 물질대사와 인간 사회의 과학기술을 합목적적인 방식으로 재구성하는 것을 뜻한다.

　기존 자본주의 시장의 물질적 재화와 생산 기여도로만 과학기술의 성과를 측정하는 양적 패러다임도 벗어나야 한다. 생태적으로 부합하고 '공동선'에 기초한 과학기술의 가치 영역들을 새롭게 창안해내야 한다. 이것은 첨단 신기술의 성장 신화를 걷어내고 한 사회의 생태 조건을 고려한 적정의 민주적 기술설계의 채택이나 수용과 관계한다. 새로운 공생과 호혜의 테크놀로지 전망에 기초한 지구 생태·기술·인간 공존의 모델 구상이 시급하다.

　지구상 그 어떤 다른 생명종과도 다르고 자연 개조 능력이 뛰어난 현대 인간종의 '인간중심주의'가 근본적으로 의심받고 있다. 아니 이는 정확히 이야기하면, 지금처럼 인간에게 영장류적 지위를 계속 위임하는 것이 맞는지, 인간 문명 진화의 방향이 제대로 가고 있는지에 대한 본질적 회의이기도 하다. 인간 고유의 과학기술은 인간 아닌 종과 지구 생태를 이해하고 전유專有하는 과정 속에서 진화해왔으나, 오늘날 그 기술의 진폭과 강렬도가 깊어지면서 모든 생

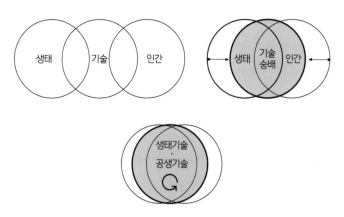

〈생태·기술·인간 사이 긴밀도의 변화〉

명종과 자연을 자본주의 과학기술과 인공 세계의 자장 안으로 끌어들이고 복속하는 효과를 내고 있다.

　　인간 기술의 역사적 전개를 단순화해 묘사해보자. 상단 왼쪽 그림이 자연과 인간과 기술의 3자 고리가 느슨하게 관계를 맺는 근대 이전의 기술 태동 시기를 지칭한다면, 오른쪽 그림은 모든 것이 자본주의 생산력을 위해 기술 과잉 상태가 되어 자연과 인간이 거의 합일되는 시점에 이른 상태라고 볼 수 있다. 오늘날 기술은 자연 자원 개발과 지식 생산을 위한 매개 역할을 넘어서서 인간을 딛고 올라 '기술 숭배'의 자리를 차지한 채 지구 생태와 생명종을 그 자장 아래 블랙홀처럼 빨아들인다.

　　이는 기술을 통해 인간 스스로 이해하고 자연의 물질 대사에 조응해 자원을 전유해왔던 우리 역사를 먼 과거에나 있었던 일 정도로 기억하게 한다. 도리어, 인간 소외의 기술과 반생태적 기술이 스스로 물신적 지위를 획득하면서 자연과 인간을 옥죄는 '기술 숭배' 상태를 만들고 있다. 겉으로는 생태·기술·인간이 평등주의적으로 자연스레 한몸이 된 듯 보이나, 실제로는 기술 물신의 자본주의적 재생산 과정이 자연과 인간을 그 아래 복속해두는 모양새다.

　자연, 기술, 인간 이 세 영역이 물리적으로 점점 상호 포개지고 상호 관계 밀도가 커지는 상황을 막기는 어렵다. 외려 우리는 여기에서 발생하는 인간중심주의와 기술 패권의 복속적 관계를 해체하고, 생태(생명)주의적 관점을 주축으로 새로이 인간 기술의 위상을 재구축하는 일을 벌여야 한다. 즉, 아래쪽 그림처럼 한편으로 테크놀로지의 방향은 지구 자연과 관련해서는 성장과 발전 패러다임을 떨쳐내고 '생태기술ecological technology'의 전망을 내어놓을 필요가 있다. 다른 한편으로는, 헐벗은 인간들과 비인간 생명종의 종적 차이 속 공존을 위해서는 지상의 모든 비생명 타자들과의 '공생기술convivial technology'적 전망이 구축되어야 한다.

　이 두 가지 미래 대안 기술적 전망, 즉 '생태기술과 공생기술'이 온전해지려면 이제와 다른 대안적 삶을 디자인하는 사회 체제의 기획 없이는 무망하다. 장기적으로는 첨단 기술을 매개한 극도의 성장 중독 혹은 성장 숭배를 떨쳐내고, 자연과 인간 사이에 선순환적으로 이루어지는 물질대사 과정에 균열을 야기하는 근본 원인들을 제거해 생태 합목적적인 기술 문명의 방향을 세워야 할 것이다.

생명 존중 없는 우리 사회의 기술혁신 논리는 진정으로 생태와 공생 지향의 기술 체계 구상과 맞물려야 한다. 그러려면 좀더 위태로운 생명 약자들을 중심에 둔 포용적 기술 전망이 필요하다. 물론 그 시나리오에는 인간중심주의적 전망을 넘어 자본주의의 헐벗은 인간들을 비롯해 동물, 기계종, 돌연변이, 자연 사물 모두가 공생공락하는 차이 속 연대 구상까지도 요구된다.

특히 테크놀로지 미래와 관련해서는 기술적 효용이 소진되지 않았음에도 폐기된 수많은 '좀비 미디어' 기계들의 귀환 문제,[61] 인간과 비인간 생명체의 공존 문제, 인간의 기계 예속과 자동화 문제, 가부장적 기술 지배 질서와 테크노-페미니스트적 전망 등 수많은 생태기술과 공생기술의 떠오르는 쟁점들에 대한 기술 비판적 논의를 본격적으로 시작해야 한다. 이 주제들은 자본주의적 기계 질서에 대항해 어떻게 생태·공생의 기술 문화를 새롭게 구상할 것인지의 구체적 실마리가 될 것이다.

지금 당장에는 첨단 테크놀로지의 반생명적 파탄과 전횡을 막기 위해서 사회적 약자의 신체를 플랫폼 시장의 유통 자원으로, 인공지능 로봇 기계를 인간 노동을 단순 대체할 종이나 심부름꾼으로, 우리를 둘러싼 지구환경을 개발과 수탈의 대상으로 바라보는 우리 사회의 기술 효율 만능의 논리를 걷어내는 일이 시급하다. 첨단의 기술이 지닌 혁신

잠재력을 확장하려는 당위만을 앞세워 지구환경과 생명 파괴 행위를 그저 묵인할 수는 없는 일이다. 이제껏 우리 인간들은 기술 숭배와 중독의 쓰라린 배신과 응징을 충분히 맛보지 않았던가.

1 질베르 시몽동, 김재희 옮김, 『기술적 대상들의 존재 양식에 대하여』, 그린비, 2011년.

2 레프 마노비치, 이재현 옮김, 『소프트웨어가 명령한다』, 커뮤니케이션북스, 2014년.

3 John Hartley, 『Creative Industries』, Blackwell Publishing, Oxford, 2005.

4 Zeynep Tufekci, 「YouTube, the Great Radicalizer」, 『The New York Times』, March 10, 2018.

5 Paul Lewis, 「'Fiction is outperforming reality': How YouTube's algorithm distorts truth」, 『The Guardian』, February 2, 2018.

6 넷플릭스 양자 이론에 대해서는 다음 글을 참고하라. Ed. Finn, 「House of Cards: The Aesthetics of Abstraction」, 『What Algorithms Want: Imagination in the Age of Computing』, The MIT Press, 2017.; 에드 핀, 이로운 옮김, 『알고리즘이 욕망하는 것들』, 한빛미디어, 2019년.

7 Ramon Lobato, 『Netflix Nations: The Geography of Digital Distribution』, New York University Press, 2019.; 라몬 로바토, 안세라 옮김, 『넷플릭스 세계화의 비밀』, 유엑스리뷰, 2020년.

8 Tom Slee, 『What's Yours Is Mine: Against the Sharing Economy』, 2nd ed., OR Books, 2017.

9 가이 스탠딩, 김병순 옮김, 『불로소득 자본주의: 부패한 자본은 어떻게 민주주의를 파괴하는가』, 여문책, 2019년.

10 Ivan Illich, 『Tools for Conviviality』, Harper&Row, 1973.; 이반 일리치, 바홍규 옮김, 『절제의 사회』, 생각의나무, 2010년.

11  Trebor Scholz, 「How Platform Cooperativism Can Unleash the network」, in Trebor Scholz·Nathan Schneider. (eds), 『Ours To Hack and Own: The Rise of Platform Cooperativism, a New Vision for the Future of Work and a Fairer Internet』, OR Books, 2016, pp.20~26.

12  Jan J. Zygmuntowski, 「Commoning in the Digital Era: Platform Cooperativism as a Counter to Cognitive Capitalism」, 『Praktyka Teoretyczna』 27(1), 2018, pp.168~192.

13  Simon Borkin, 『Platform co-operatives: solving the capital conundrum』, NESTA&Cooperative UK, February 2019.

14  Michel Bauwens, 「Open Cooperativism for the P2P Age」, P2P Foundation, June 2014.

15  Alex Rosenblat, 『Uberland: How Algorithms are Rewriting the Rules of Work』, University of Chicago Press, 2018.; 알렉스 로젠블랏, 신소영 옮김, 『우버 혁명: 공유경제 플랫폼이 변화시키는 노동의 법칙』, 유엑스리뷰, 2019년.

16  Alex Rosenblat, 『Uberland: How Algorithms are Rewriting the Rules of Work』, University of Chicago Press, 2018.; 알렉스 로젠블랏, 신소영 옮김, 『우버 혁명: 공유경제 플랫폼이 변화시키는 노동의 법칙』, 유엑스리뷰, 2019년.

17  Aaron Bastani, 『Fully Automated Luxury Communism: A manifesto』, Verso, 2019.

18  Karl Marx, 『Capital, vol.3』, Penguin, 1991, pp.958~959.

19  John M. Keynes, 「Economic Possibilities for Our Grandchildren」, in J. M. Keynes (ed), 『Essays in Persuasion』, Norton, 1930, pp.358~373.; 존 M. 케인스, 정명진 옮김, 『설득의 경제학』, 부글북스, 2009년.

20  제러미 리프킨, 이영호 옮김, 『노동의 종말』, 민음사, 2005년.

21  Aaron Benanav, 「Automation and the Future of Work-1」, 『New Left Review』, vol.119, September/October 2019, pp.5~38.

22  Craig Trudell, Yuki Hagiwara and Ma Jie, 「'Gods' edging out robots at Toyota facility」, 『The Japan Times』, April 7, 2014.

23  메리 그레이·시다스 수리, 신동숙 옮김, 『고스트 워크: 긱과 온디맨

드 경제가 만드는 새로운 일의 탄생』, 한스미디어, 2019년.

24 한국정보화진흥원(NIA), 「인공지능 윤리 가이드라인: 일본과 EU 사례를 중심으로」, 한국정보화진흥원, 2019년 5월.

25 '사회적 탈숙련' 현상과 개념에 대해서는 다음 책을 참고하라. Mark Andrejevic, 『Automated Media』, Routledge, 2019, pp.2~8.

26 이광석, 「'인류세' 논의를 둘러싼 쟁점과 테크노−생태학적 전망」, 『문화/과학』, 97호, 2019년 봄호.

27 인류세 개념을 대중화한 대기과학자 파울 크뤼천의 다음 글을 참고하라. Paul J. Crutzen, 「Albedo Enhancement by Stratospheric Sulfur Injections: A Contribution to Resolve a Policy Dilemma?」, 『Climatic Change』, vol.77, 2006, pp.211~219.

28 곽노필, 「인류 종말을 겨누는 10가지…누가 쏜 화살인가?」, 『한겨레』, 2018년 12월 26일.

29 에드아르도 구디나스, 「부엔 비비르」, 자코모 달리사·페데리코 데마리아·요르고스 칼리스 엮음, 강이현 옮김, 『탈성장 개념어 사전』, 그물코, 2018년, 356~362쪽.

30 Massimo de Angelis, 『Omnia Sunt Communia: On the Commons and the Transformation to Postcapitalism』, Zed Books, 2017, pp.70~71.

31 「AI and Climate Change: How they're connected, and what we can do about it」, 『AI Now Institute』, October 18, 2019.

32 「Cambridge Bitcoin Electricity Consumption Index」, CBECI site.

33 Brian Merchant, 「How Google, Microsoft, and Big Tech Are Automating the Climate Crisis」, 『Gizmodo』, February 21, 2019.

34 International Energy Agency(IEA), 『Electricity Information 2019』, OECD Publishing, 2019.

35 그린 뉴딜의 기본 관점과 정책 지향과 관련해 대표급 논자들과 환경 단체들의 공통점과 차이를 일목요연하게 정리한 글은 다음과 같다. Guy Dauncey, 「Ten Green New Deals: How Do They Compare?」, 『The Practical Utopia』, September 27, 2019.

36 IPCC, 「2018: Special Report: Global Warming of 1.5°C」, 2019.

37 Robert Pollin, 「De-Growth vs a Green New Deal」, 『New Left Review』, no.112, July/August 2018, p.10.

38  Lisa Friedman, 「What Is the Green New Deal? A Climate Proposal, Explained」, 『The New York Times』, February 21, 2019.

39  Troy Vettese, 「To Freeze the Thames: Natural Geo-Engineering and Biodiversity」, 『New Left Review』, no.111, May/June 2018, pp.63~86.

40  Mara Prentiss, 『Energy Revolution: The Physics and the Promise of Efficient Technology』, Harvard University Press, 2015.

41  탈성장론적 시각에서 GDP 비판을 하고 있는 저술로는 다음과 같은 책이 있다. 팀 잭슨, 전광철 옮김, 『성장 없는 번영: 협동조합과 사회적 경제를 위한 생태거시경제학의 탄생』(착한책가게, 2013), 자코모 달리사 · 페데리코 데마리아 · 요르고스 칼리스 엮음, 강이현 옮김, 『탈성장 개념어 사전: 무소유가 죽음이 아니듯, 탈성장도 종말이 아니다』(그물코, 2018).

42  Herman Daly, 「Benjamin Kunkel: Ecologies of Scale」, 『New Left Review』, no.109, January/February 2018, p.80.

43  Robert Pollin, 「De-Growth vs a Green New Deal」, 『New Left Review』, no.112, July/August 2018, p.10.

44  빌 게이츠, 이규행 옮김, 『미래로 가는 길』, 삼성, 1995년.

45  Brad Plumer, Nadja Popovich & Shola Lawal, 「The Coronavirus and Carbon Emissions」, 『The New York Times』, February 26, 2020.

46  싱가포르의 감염 추적 시스템에 대한 작동 원리는 다음 사이트를 참고하라.(https://www.tracetogether.gov.sg)

47  유럽과 아시아의 국가별 방역 추적 기술 사용 현황은 다음 사이트를 참고하라.(https://gdprhub.eu/index.php?title=Projects_using_personal_data_to_combat_SARS-CoV-2)

48  Noa Landau, 「In Dead of Night, Israel Approves Harsher Coronavirus Tracking Methods Than Government Stated」, 『Haaretz』, Mar 17, 2020.

49  Robert Reich, 「Covid-19 pandemic shines a light on a new kind of class divide and its inequalities」, 『The Guardian』, 26

April, 2020.

50 나오미 클라인, 김소희 옮김, 『쇼크 독트린: 자본주의 재앙의 도래』, 살림Biz, 2008년.

51 리 매킨타이어, 김재경 옮김, 『포스트 트루스: 가짜뉴스와 탈진실의 시대』(두리반, 2019), 19쪽에서 재인용.

52 부시 행정부의 이라크 전쟁의 명분부터 트럼프 행정부의 기후협약 탈퇴에 이르기까지 통치자의 말이 어떻게 진실과 무관했는지에 대한 비판적 평가는 다음 책을 참조하라. 미치코 가쿠타니, 김영선 옮김, 『진실 따위는 중요하지 않다: 거짓과 혐오는 어떻게 일상이 되었나』 (돌베개, 2019).

53 히토 슈타이얼, 안규철 옮김, 『진실의 색』, 워크룸프레스, 2019년, 14쪽.

54 엘리 프레이저, 이현숙·이정태 옮김, 『생각 조종자들: 당신의 의사결정을 설계하는 위험한 집단』, 알키, 2011년.

55 Britt Paris & Joan Donovan, 『Deepfakes and Cheap Fakes: The Manipulation of Audio and Visual Evidence』, Data& Society, New York, 2019.

56 https://www.healthit.gov/topic/health-it-initiatives/blue-button

57 https://www.gov.uk/government/news/the-midata-vision-of-consumer-empowerment

58 https://www.data.gov/consumer/smart-disclosure-policy

59 https://www.hbrkorea.com/article/view/category_id/2_1/atype/ma/article_no/171/page/1

60 이들의 반생태적 자원 낭비에 저항하는 시민들의 '고칠 권리right to repair'에 대한 실천적 논의는 다음 글을 참조하라. Kate Lyons, 「Reclaiming the right to repair」, 『The Guardian』, 15 March, 2018.

61 현대 사회에서 사물의 빠른 폐기를 '좀비'로 묘사하고 이들에게서 대안적 쓸모를 발견하려는 사물 '고고학'에 대한 논의는 다음 글을 참고하라. Garnet Hertz & Jussi Parikka, 「Zombie Media: Circuit Bending Media Archaeology into an Art Method」, 『Leonardo』, vol 45, no.5, 2012, pp.424~430.

# 디지털의 배신

ⓒ 이광석, 2020

초판 1쇄 2020년 6월 30일 펴냄
초판 4쇄 2022년 5월 23일 펴냄

지은이 | 이광석
펴낸이 | 강준우
기획 · 편집 | 박상문, 김슬기
디자인 | 최진영
마케팅 | 이태준
관리 | 최수향
인쇄 · 제본 | ㈜삼신문화

펴낸곳 | 인물과사상사
출판등록 | 제17-204호 1998년 3월 11일

주소 | (04037) 서울시 마포구 양화로7길 6-16 서교제일빌딩 3층
전화 | 02-325-6364
팩스 | 02-474-1413

www.inmul.co.kr | insa@inmul.co.kr

ISBN 978-89-5906-572-1 03300

값 15,000원

이 도서의 국립중앙도서관 출판예정도서목록(CIP)은 서지정보유통지원시스템 홈페이지
(http://seoji.nl.go.kr)와 국가자료공동목록시스템(http://www.nl.go.kr/kolisnet)에서 이용
하실 수 있습니다. (CIP제어번호: CIP2020024728)